天下文化

BELIEVE IN READING

星雲大師

談處世

星雲大師 著

目錄

1 自序 人生時空的圓

談勤勞

5 懶惰之害
8 有永遠休息的時候
10 拙處力行
13 從勤奮中打發時間

談說話

17 語言，要像陽光、花朵、淨水
20 問號的得失
23 鬥雞性格
26 講話是修行
30 不妄語

談交友

33 益友與損友
35 朋友的類型
38 欲長壽廣交友
40 交友七法

談相處

43 像跳探戈一樣
45 四道橋樑
47 更好的禮物
50 合作與分工
53 老做小
54 懷念煮雲法師
56 四互與四學
60 多被利用
61 人我相處之道

談情愛

65 如何處理情愛
67 夫妻相處之道
70 植物情結

談發願與立志

73 要有企圖心
76 發心才有力量
78 不立志而無願

談潛能

81 人類的潛能
84 創造第二個春天

談管理

87 最高的管理學
91 當義工的義工

95 知人之明
99 用人之道

談時間

103 如何利用時空
105 人生三間
108 忙的類型
111 珍惜時光

談生涯規畫

113 生涯規畫
116 四十年人生計畫

談財富

119 從擁有到用有
122 真正的財富
123 賺到歡喜
125 用錢與藏錢

談飲食

127 什麼最好吃
131 粥的滋味
135 說豆腐
138 做菜的要訣
140 百味齋
141 吃飯也是修行

談健康之道

145 做好身心保健

149 減肥
152 疾病就是良藥
156 如何求得健康與長壽
159 少食為湯藥
161 如何面對老病
164 一天的開始
167 五味要均衡
169 中藥祕方

談人生觀

173 做什麼要像什麼
176 把自己當做壞人
178 影響一生的十句話
181 善於做補
184 超越殘缺
187 順逆皆一半
190 肌肉是活的
193 不要做海豚
197 老二哲學
199 不要同歸於盡
201 佛陀也會被人毀謗
203 我就這樣忍了一生
209 生氣不能解決問題
211 行雲流水的人生
212 有怨無悔
213 不知道的樂趣
215 會不會算

談結緣

217 結一個善緣
219 一塊錢改變了一生

談心念

223 月亮在看你
225 一念之間
227 大其心
228 藥師如來的佛心
229 以無為有

談生死

233 瀟灑面對死亡
235 重視精神壽命

談修行

239 感動法門
241 端茶的音樂
243 小不可輕
246 肯定自己

人生時空的圓

自序

人生在世，歸納而言，就是與兩種人相處，一是自己，一是他人。

自處處人，就像在畫圓，以自覺、自度為圓心，以慈悲、利他為半徑，所畫出來的一個人生時空的圓。

自處看似簡單，其實微妙難言。有的人終其一生，不曾真正認識自己、探掘自己；不曾好好處理在悲喜、起落或失衡、匱乏等等情境下的自己。我有一位偉大的師父，在我還是一個小清眾時，曾經對我說過一段話：「你以為自己很窮，什麼都沒有，其實只要我將喝茶的錢省下一點給你，你就用不完。但我就是不給你錢，你現在不懂，將來就會慢慢明白。」

我後來真的明白了師父的苦心，他是要我在「無」中生「有」。

雖然沒有完整的鞋襪，但是手腳勤奮，我習得了各種生活技能、做務功夫。

雖然沒有厚軟的衣服，但是佛法如衣披覆，足以身心生暖。

雖然沒有頓頓飽餐，但是書香做伴，那是最香甜的酥酡妙味、精神食糧。

其實沒有人是真正窮的，只要能夠自我覺知，知道如何開展自己的潛能，規劃自己的生涯，修養自己的身行、口說、意念，修得一份心境美，一切處境都是美。

我常對徒眾說，如果我們能夠打從自己的心裡製造光明的見解、芬芳的思想、潔淨的觀念，生產陽光、花朵、淨水般的語言，與他人共享，就能擁有一個豐美的人生。

所以，一個人自覺尚不夠，還要利他，在人際相處中，隨時隨地發心去利益他人。

佛陀座下有一位專司接待賓客的陀驃比丘，每天迎送來往訪者，任勞任怨；即使夜半有人敲門求宿，也都滿懷歡喜地點燈領路、安頓住宿，讓來人賓至如歸。這般數十年如一日，終於感得手指自然放光的福報，從此，不需打著燈籠，也能為人照光引路。

雖然我們無法像陀驃比丘一樣手指放光，但是，當我們面帶笑容，看在對方眼中，那朵微笑是發光的；當我們口出讚嘆，聽在對方心底，那句讚美是發光的；當我們伸手扶持，受在對方身上，那溫暖的一握是發光的；當我們靜心傾聽，在對方的感覺裡，那對耳朵是發光的。

因為發心，凡夫眾生也可以有一個發光的人生。

人生處世，處的就是這世間的悲歡離合、生老病死。我們的交友、說話、立志、情愛、財富、健康、管理……種種問題環繞四周，這是一生的修行、一輩子的功課。龐雜也罷，繁複也罷，古德有言：「今生一照面，多少香火緣」，人我關係，因緣相會，能在每一個時刻，讓心燈通體明亮，從內向外燭照，就是生命的無上之價，就是對所處世間的一個光明供養。

星雲大師

談勤勞

佛門法器中的木魚，是用木頭做成魚的形狀，誦經時敲打魚頭，其用意在於：魚有一特殊習性，不管是在水中游或靜止不動，眼睛都睜著不休息，佛門取其精進的特性，敲打木魚來策勉修道者要用功不要懈怠。

另普賢警眾偈的經文「是日已過，命亦隨減，如少水魚，斯有何樂？大眾，當勤精進，如救頭燃，但念無常，慎勿放逸。」也是希望大眾精進用功的意思。

懶惰之害

有一個寓言說：有一家人都很懶惰，每日的家事爸爸不做，就叫媽媽做；媽媽也懶惰不做，就叫兒女做；兒女也不肯做，就叫小狗做。小狗沒有辦法，只好用尾巴掃地，用身體抹桌椅，甚至用嘴啣水管來澆花草。

有一天，來了一個客人，見到小狗在做家事，很訝異：「喔！小狗這麼能幹，還會做家事呀？」小狗說：「沒有辦法，他們都不做，只有叫我做。」客人一聽，大吃一驚：「小狗也會說話！」小狗趕快對客人示意：「噓！不要讓他們知道我會說話，否則他們還會要我接電話呢！」

一個人，天生兩隻手，就是要做事；生來一雙腳，就是要走路；甚至眼睛要看、耳朵要聽、嘴巴要講話，天賦於我們的本能，如果不用，人豈不是成為廢物了嗎？

西諺有云：「黃金隨潮水流來，也要你早起去撈起它。」中國人一向相信財神爺可以送財富；但是財神送財來，也要你禮貌性地去接受，如果你懶惰避開他，也不能發財。甚至圍在頸項上的大餅，你吃完了前面的部分，如果連轉動一下都懶得去動，那麼餓死也是活該。

其實，人多數是不懶惰的，你看，眼睛天生用來看世間萬物，但是人覺得不夠，因此發明顯微鏡、望遠鏡，希望看得更高、看得更眞；耳朵天生要來聽聲音，人們又發明了擴音機、廣播機、電視機，希望聽得更遠、更大聲；雙腳天生應該用來走路，人們又發明腳踏車、機車、汽車等，希望能與時空競賽。

世間上，懶惰與貧窮是難兄難弟。因爲懶惰，所以貧窮；因爲貧窮，因此容易懶惰，這是互爲因果。所以，吾人要想改變命運、改變貧窮，必須捨棄懶惰，要能勤勞精進。

讀書的人，要口到、眼到、手到、心到；有「四到」的人才會讀書。修行的人，身要禮拜、口要稱唸、心要觀想；能夠「三業」接觸佛心的人，才能蒙佛庇佑。

所謂「春天不下種，何望秋來收？」不播種，如何有收成？不勞動，如何有成就？一個懶惰懈怠的人，即使才華過人，永遠也用不到自己的長處；如此辜負「天生我才」，豈不可惜復可悲乎？

有永遠休息的時候

自從加入弘法利生的行列之後，近五十年來，到處行腳，不曾停止，尤以近幾年來，周遊五大洲，更是席不暇暖，有人關心，問我：「你爲什麼不休息呢？」我都如是回答：「將來有永遠休息的時候。」

從小到大，我一直喜歡閱讀名人傳記，在神遊古今中外時，經常發現成功幾乎都屬於勤奮工作的人，而驕奢放逸的人注定要走向失敗的命運。多年來，我踏遍全球各地，在考察人文風俗，經過一番比較之後，深深感到前途充滿希望的國家，往往都擁有樂觀進取的人民；反之，落後貧窮的國度裡，不知勤奮生產的人比比皆是。我發覺那些具有恆心毅力，能夠百折不撓的朋友們，活得最爲充實幸福。我自己做過各類不同的苦工、勞役，只要利濟有情的事業，縱使是經過一番辛苦奮鬥，都能令我終身回味無窮。所以我經常告誡徒眾說：精進勤勞，是善德，是財富；懈怠放逸，是罪惡，是貧窮。

「天行健，君子以自強不息」。大自然中，四季輪流遞嬗，行星運轉不息，我們是大自然裡的一分子，又何能遁逃於天地之間？而「止水易生蟲，滾石不生苔」的現象，更說明了唯有將自己「動」起來，才能創造無限的活力；唯有精進不懈，才是順應天心，安身立命之道。因此，我對那些勸我不要忙碌，好好保重身體的人說：「忙，才是保重。」因爲將來我們都有一個永遠休息的時間。

拙處力行

「巧」與「拙」，一般人皆喜歡巧，不喜歡拙。

但是，巧言令色、巧詐虛僞、巧取豪奪、投機取巧，巧得心機太深，巧得花樣太多，不但不能讓人欣賞，反而令人感到可怕。所以，不是眞正的「巧」，不如「拙」比較好；「拙」就是實在、至誠、本分，就是按部就班的「拙處力行」。

鄭板橋一生服膺「難得糊塗」的人生哲學，此即所謂「取巧」不如「養拙」。一個人若能「心細身拙」，有時候更比靈巧重要。

巧來自於「拙」；巧要能巧得「妙」、巧得「奇」。例如：把「笨手」變成「巧手」，把「愚言」變成「巧言」，把「邪思」變成「巧思」，把「惡計」變成「巧計」；甚至「巧學」、「巧心」、「巧行」，乃至做一個「巧婦」、

「巧匠」、「巧人」等。但是，如果不能「巧」，則還是「拙處力行」來得踏實些。

俗云「熟能生巧，勤能補拙」。世間上沒有一步登天的好事，凡事都必須按部就班、力行實踐。所謂「一步一腳印」、「萬丈高樓平地起」，如果基礎不紮實，或是懈怠疏懶，則如氣功師練功，一日不練，十日無功；十日不練，百日無功；時斷時續，斷送氣功。如果是鋼琴家，則一天不練，自己知道；兩天不練，同行知道；三天不練，外行知道。如果是作家，也要勤於寫作才能進步，否則寫作不勤，就會一日不寫，筆重十斤；兩日不寫，筆重百斤；三日不寫，筆重千斤；久不動筆，筆重萬斤。一旦「筆重萬斤」，則表示不能再寫作了。

所謂「養成大拙方爲巧，學到愚時才是賢」；要得巧功，必須先付出許多笨拙的苦功。現代人不注意「拙處力行」，例如軍隊未能刻苦訓練，怎能沙場取勝？學子不用心苦讀，怎能金榜題名？科學家也是要經過百千次的實驗，才能有所發明；工程師繪圖，也是要不厭其煩地修改，才會有傲人之作傳世。

眞正的笨拙就是靈巧的根基，眞正的靈巧是從笨拙中增長的。所以，修行的人不要希望當生成就；是薄地凡夫，哪能容易立地成佛？農夫種植，也要一鏟一鋤地耕耘；機紡巧織，也要一經一緯地紡紗。速成的東西總不能持久，能從「拙處力行」，做人才能彌久芬芳，做事才能歷久成功。

從勤奮中打發時間

一天有二十四個小時，一生也有六七十年的歲月。在這一段漫長的人生裡，如何去打發時間，這是個很重要的問題。社會上的一般人，用吃、喝、玩、樂去打發時間，打牌、賭博，做無聊的事，來消磨歲月，這實在非常沒有意義。那麼，該如何打發時間呢？我認爲應該從勤勞奮發中去打發時間。

前幾天，高雄一位公司的董事長和我講了幾句話。他說：「以我現有的財產，即使我一天用十萬元，我活了一百年，也用不完。我有很多錢，可是我還在工作，我是貪求無厭嗎？不是的，我是以做事業來打發時間的。」

他這段話，使我們了解，人唯有在工作裡，生命才有辦法安住，人活得才有意義。沒有工作是很無聊也很乏味的。

那位先生又說：「我的錢雖然很多，但是自奉甚儉，我不抽菸，不喝酒，不去娛樂場所。下班回家，就是一杯清茶，看看報紙，如此而已，一天過去，第二天又帶著飽滿的精神開始工作。」

這些話，使我領悟到社會上一個成功的企業家，他們之所以能夠成功，絕不是從安逸享受中得來，而是從不停地勤勞奮鬥中獲得的。

佛教本來就是講求奮鬥、講求進取的。六波羅蜜中，有精進波羅蜜，是菩薩成佛的六種重要法門之一，佛經裡有關勉勵精進的故事相當多。我們的教主佛陀成道的經歷，就是精進的最佳事例。據說，本來彌勒菩薩是比佛陀早學佛的，但是由於佛陀的精進力與勇猛心，超過彌勒的境界，終於先而成佛。佛陀的這個事例，實在是我們佛子的最佳典範。

在佛光山佛學院的學生，每個人都要輪流打掃、典座、出坡、勞動服務，我們這樣的安排，並不是非要大家為佛光山擔當，而是具有另一層意義，我們要使學生們的生活，用工作來充實，從工作中去修道、去體會，做出生命的力量與發揮生命的意義，對於這一點，凡是對教育有認識的人，看到這樣的教育方式，沒有一個不稱讚的。反而有很多人說：「這樣的教育，才契合新生活教育」。不過，學院教育方針雖然如此，但是，如果各位不帶著歡喜心去從事工作，不帶著認眞的態度去奮發圖強，也就枉然了。

俗語說：「各人吃飯各人飽，各人生死各人了。」因此，你們必須要自己從勤勞奮鬥中去創造光明，從勤勞奮發中去完成自己的理想。

星雲大師

談說話

◎目不能自見，鼻不能自嗅，舌不能自舐，手不能自握，惟耳能自聞其聲，故為人應「慎言語以養其德」。

◎過頭的飯可以吃，過頭的話不可以說。

◎聰明人想過才開口，愚蠢的人說後才回想。

語言，要像陽光、花朵、淨水

多年以前，曾經在一篇文章裡，讀到這麼一句話：「語言，要像陽光、花朵、淨水。」當時深深感到十分受用，於是謹記心田，時刻反省，隨著年歲的增長，益發覺得其中意味深長。

俗謂：「良言一句三冬暖，惡語傷人六月寒。」語言是傳達感情、溝通交流的工具，但是如果運用不當，雖是出自無心，也會成爲傷人的利器。

回想我這一生中，不也常被人拒絕，被人挖苦，甚至被人毀謗，被人誣蔑嗎？我之所以能安然度過每個驚濤駭浪，首先應該感謝經典文籍裡的嘉句和古德先賢的名言，其中史傳描述玄奘大師的「言無名利，行絕虛浮」，是我自年少以來日日自我勉勵的座右銘，多年來自覺從中獲益甚深；地藏菩薩的「我不入地獄，誰入地獄」的精神，總是在我橫逆迭起的時候，掀起我無限的勇氣；每當險象環生的時候，想到鑑眞大師所說的「爲大事也，何惜生命」，強烈的使命感不禁油然而生，增添我心中無限的力量。

此外，我也頗能在心裡「自創」如陽光、花朵般的語言，陶醉其中，怡然自得。

記得開創佛光山時，學部圓門前面有一塊小空地，我常邀師生徒眾共同喝茶談敘，當時心中常對自己說：「眞是太好了，居然有這麼一塊空地，供我們師徒接心。」

後來我們開闢了一條菩提路，我心裡也十分興奮：「眞是太美了，我們又多了一個跑香散步的地方。」

當寶橋完工的時候，快樂的感覺常常湧上心頭：「眞是太方便了，現在有了這麼一條橋越過溪流，再也不用涉水繞路了。」

即使買了一本小書放在圖書館，我也是滿心歡喜：「大家又多了一份精神食糧了。」

由於把許多事都視爲「好大」、「好美」，所以，我從不將心思局限於人我比較上，而能從心靈的提升，來擴大自己；從建設的增長，來完成自我，故能知足常樂，積極進取。

經云：「心如工畫師，能畫諸世間。」我們的心就好像工廠一樣，設備良好的工廠製造出良好的產品，人見人愛，設備不好的工廠只會增加環境的污染，自惱惱他。如果我們能正本清源，打從自己的心裡製造光明的見解、芬芳的思想、潔淨的觀念，生產陽光、花朵、淨水般的語言，與他人共享，則能擁有一個豐美的人生。

問號的得失

有的人說話喜歡用問號「？」，有的人說話喜歡用句號「。」，還有的人說話喜歡用驚嘆號「！」；甚至有的人說話喜歡用刪節號「……」。

喜歡用句號講話的人，凡事總會給你一個交代或答案；喜歡用刪節號講話的人，只要你虛心探究，也總能知道他的內容；用驚嘆號講話的人，喜歡大驚小怪，虛張聲勢；唯有用問號講話的人，內容比較複雜。

問號，有時候是表示善意的關懷，會有好的結果；但是有時候問號也會產生不良的結局。例如，對人問安時說：「你好嗎？」「你吃過飯了嗎？」「你近來如何？」這些都是善意的問號。也有的人跟人請示：「你對時局的看法如何？」「你對社會的經濟發展有何見解？」「你對核四的興建有何意見？」「你對現在立法院的表現滿意嗎？」這些都是中性的，無所謂好壞。

最可怕的就是責備的問號：「你來這裡幹什麼？」「怎麼到現有還沒有做完？」「爲什麼花了那麼多錢？」「爲什麼吃那麼多東西？」「爲什麼今天遲到了？」「你今天怎麼起得那麼遲？」用這種口氣對人說話，其結果就會難以逆料。

有時候我們做人，成了一個問號的人物，這就非常麻煩了。例如人家會問：「他靠得住嗎？」「你能信任他嗎？」「他有資格嗎？」「他能擔當嗎？」甚至因爲自己過去不良的紀錄，也會成爲別人質疑的問號：「他過去不是持反對意見嗎？」「他不是曾經對你有過不滿的舉動嗎？」「他曾經擅離職守你知道嗎？」「他曾經沒有完成任務你記得嗎？」所以，一個人一旦變成問號人物，就很難令人信賴。

人，要經得起問號，在別人對我們的各種問難之前，我們都能給人正面的、滿意的答覆，這個人在社會團體裡，就比較能站得住腳了。

做人，也不要經常說些問號的話，肯定總比問號要好得多。有的人想找我們做事，我們馬上回答：你自己呢？你爲什麼不做？人家跟我們借一本書，你可以說我沒有，但你偏要問：「你爲什麼不自己去買呢？」向你借錢，你可以不借，但不能問：「你老是借錢幹什麼？」找你做事，你也可以婉言謝絕不做，但不可以說：「你找我做，那你自己做什麼？」這種問號式的對談，就很容易傷害彼此的感情。

問話，要有藝術，有藝術的問話是尊重別人，是虛心客氣，是求人幫助，但不可用責備的口吻、責備的態度。你再好的意思，問話的時候如果含有責備、反詰，就沒有藝術了。

在《戰國策》裡，有許多君與君、君與臣、臣與臣之間的問答故事，乃至一些遊說舌辯之士，在一問一答之間，都蘊涵了無限的智慧，以及人際之間的倫理綱常。所以，我們與人說話，最好要學習和帝王的問答，要學習把對方均當成是老師、學者、專家，如此自能從對話問答中得出許多的智慧。

鬥雞性格

人是很不明理的，常常爲了一點芝麻小事，而背負了很長時間的誤會。

有一位囚犯被關在牢裡，埋怨房子小，有一天，有一隻蒼蠅飛進房裡，他就去撲捕，飛東抓東，飛西捕西，還是沒有抓到，方醒悟到原來他的房間竟然這麼大，連一隻蒼蠅也抓不著。所以，他覺悟到：

「心中有事世間小，

心中無事一床寬。」

假若，有徒眾毀壞常住物，如打破了茶杯或把房子燒了，我不會生氣；但是，只要有徒眾，用一句話來傷人、侵犯人，我就比較不能寬恕他。因爲侵犯人，就如同給人一刀。所以，不可以用語言、氣勢侵犯人。

近來，經常開示信眾，講話不要做「烏鴉嘴」，要做「喜鵲報喜」；待人不要做「相打雞」（台語：鬥雞），要做「鳳凰來儀」；處世不要做「木頭人」，要做「微笑彌勒」。

偶翻《莊子》，見有一則發人深省的故事，內容大意是說，有個有名的鬥雞師，名叫紀渻子，他訓練的鬥雞，遠近聞名。

有一天周宣王要他訓練一隻勇猛無比的鬥雞。紀渻子接受任務後，一過數十日，一直沒有消息，宣王等得不耐，就催著紀渻子，紀回答道：「還不行，此雞生性自狂自傲，只會虛張聲勢，其實遇到強者，不堪一擊！」

宣王又等了多日，再催問如何？紀渻子回答道：「還是不行，因爲此雞沈著不夠，牠一聽到其他雞叫就會衝動，擺開架勢，還不是大將之風。」

又過多日，宣王再催；紀渻子回答道：「大王，現在仍不行，因爲此雞一接近其他雞，牠就會氣昂昂、雄赳赳，像如此不能沈著的匹夫之勇，還不是最好的鬥雞。」

最後，宣王失望，不再催問。

一日，紀渻子主動向周宣王報告：「大王，你要我訓練鬥雞，現在任務已完成了。此雞現在聽到其他雞啼叫，恍如不聞；見到其他雞跳躍，恍如不見，簡直就像隻木頭雞。氣定神閒，從容安詳，已是全能全德。只要其他鬥雞一見到牠，就會落荒而逃，不戰而勝，這才算眞正的鬥雞了。」

講話是修行

（一）

王陽明有一次跟學生出遊，路旁有兩個人在吵架，一個罵道：「你沒有天理！」一個反駁道：「你沒有良心！」

王陽明就對身旁的學生說：「你們聽，他們在講道。」

學生說：「老師，他們是在吵架。」

天理、良心要求別人是在罵人，若要求自己是在講道。與人相處，「講話」是一種很切實際的修行，語言的讚美是一種布施。是非常因講者、聽者、第三者無心地搬弄而惡性循環。大家都知道，是非止於智者，彼此能聚在一起，不要逞一時口舌之快，而破壞掉這份難得的因緣。

（二）

語言是溝通感情、傳達思想的工具，但不得體的言語或過多的音聲，常是是非煩惱的因由，故佛門常教我們要「少說一句話，多唸一聲佛」。還有維摩居士的「一默一聲雷」都是很發人深省的棒喝。

蘇格拉底非常善於演說，以教人如何講話為職。有一位青年前來請他教導演說，並說明演說如何重要云云。蘇格拉底等他說了半天以後，向他索取兩倍的學費，青年問為什麼？

蘇格拉底說：「因為我除了要教你講話以外，還要教你如何不講話。」

俗云：「一言折盡平生福」，謹言實在是修身要件。

（三）

「言語之於我們，乃在使我們互相做悅耳之辭。」無意間聽到徒眾的談話，措辭實在值得商榷，如：

「是我拉他來的。」爲什麼不說「是我請他來的。」

「這是我管的……」爲什麼不說「這是我負責的……」

「我調查大家都很高興。」爲什麼不說「我知道大家反應都很高興。」

「你聽我的。」爲什麼不說「我們來溝通一下。」

「你可別後悔。」爲什麼不說「你不再考慮嗎？」

「你要給我小心！」爲什麼不說「你還是謹愼點好。」

……

同樣是中國字，爲什麼不加點兒潤滑？不僅聽起來不舒服，也易引起不必要的誤會，眞是辜負中國文字之美。

晉武帝司馬炎剛登上皇位的時候，一天，他占卜得了個「一」字。按當時的迷信說法，帝王傳代的多少要看得到數目字的多少，中國向來以三、六、九爲吉祥數字，占卜得了個一字，晉武帝心裡當然有點悶悶不樂，連群臣也大驚失色。

這時，侍中裴楷就上前進言道：「微臣聽說『天』得到一就清明，『地』得到一就安寧，『神』得到一就靈妙，『谷』得到一就充盈，『萬物』得到一就化生，『君侯帝王』得到一天下就能統一，人民都忠貞於他。」短短的一席話，說得晉武帝轉憂爲喜，群臣也對裴楷的善對由衷嘆服。

可見任何一件事，都沒有絕對的，說得好，即能轉憂爲喜，轉悲爲樂。

不妄語

曾有一賣布的信徒告訴我，他什麼戒都能守，就是不能守不妄語戒，我問他爲什麼？他舉了個例子——

客人指著一塊布問：「這布一碼多少錢？」

信徒答：「三元。」

客人再問：「會不會褪色？」

信徒答：「不會。」

客人就買布了。

我告訴信徒：「說謊不能賺錢，信用才能賺錢。」

客人問：「布一碼多少錢？」

信徒答：「三元。」

客人再問：「會不會褪色？」
信徒可以回答：「會，不過那裡有一碼八元的布，不會褪色。」
如此，客人選擇一碼八元的布，信用自能幫人賺錢。

星雲大師

談交友

◎君子以道為友，小人以利為友，不管什麼時候，人總離不開朋友，故：「對淵博之友，如讀奇書異誌；對風雅之友，如讀明人詩文；對幽默之友，如讀傳奇小說；對謹慎之友，如讀聖賢經傳。」

◎財富並非永久的朋友，但朋友卻是永久的財富。

益友與損友

世間上每個人都需要朋友。朋友有所謂的益友與損友。什麼叫益友，什麼又是損友呢？在佛經裡說朋友有四品，就是四種朋友：

一、有友如花：有的朋友對待你像對待花一樣，當你盛開的時候，他把你插在頭上，供在桌子上；當你凋謝了，他就把你丟棄。也就是說，當你擁有權勢、富貴的時候，他把你捧得高高的，凡事奉承你、隨順你；一旦你功名富貴沒有了，失去了利用的價值，他就背棄你，離開你，這是嫌貧愛富的朋友。

二、有友如秤：有的朋友像秤一樣。如果你比他重，他就低頭；如果你比他輕，他就高起來。也就是說，當你有辦法、有名位、有權力時，他就卑躬屈膝、阿諛諂媚地向你低頭；等到你功名權力沒有了，他就昂起頭來，看不起你了。

以上兩種是不好的朋友，另外還有兩種好的朋友：

一、有友如山：有的朋友像高山一樣，山能廣植森林，豢養一切飛禽走獸，任憑動物聚集在裡面，自由自在的生活。所以好朋友像山，有著廣闊的心胸，就像孟嘗君一樣，有食客三千，能容納很多的朋友。

二、有友如地：有一種朋友如大地，大地能普載萬物，我們在大地上建房子，栽種花草樹木，乃至人、車行走其上，大地都毫無怨尤地承受著。

所以，像大地的朋友，可以普載我們，替我們擔當，替我們服務，這兩種如山如地的朋友都是益友。

朋友的類型

人生在世，不可能過著離群索居又沒有朋友的日子。而朋友之種類，有泛泛的點頭之交，也有全仁全義的生死之交，更有以買賣方式而做朋友打交道的。

《史記》中有個故事：廉頗是戰國時代趙國的良將，功績甚偉，被封為上卿，富貴冠極一時，所以養了很多門客謀士來助長自己的聲望。

後來秦趙交兵，趙王誤中反間計，以為廉頗無能，就用趙括接替廉頗的職位。由於廉頗失去權勢，其門客紛紛求去，改投其他權貴之門。及至趙括失敗戰死……趙王再次啓用廉頗為將，大獲全勝，封官為信平君。他的權勢較往日更高更大，以前求去的門客，立即回來投靠他，廉頗已看盡富貴炎涼狀態，十分氣憤門客的做為，想逐退所有的門客，其中卻有人說道：「夫天下以市道交，君有勢，我則從君，君無勢則去。此固其理也，有何怨乎？」

實在是一語道破世人勢利的心態。

又，戰國四公子之一的孟嘗君，也由於權位的起落，識盡門客的本來面目。一朝恢復權勢，想以唾沫來羞辱那些勢利的門客，幸馮諼在旁勸解而做罷，馮諼言：「富貴多士，貧賤寡友，事之固然。」

「人爭求榮，就其求之時，已極人間之辱；

人爭恃寵，就其恃之時，已極人間之賤。」

讀《愛廬小品》其中〈交友之道〉一篇中，把朋友分為如下種類，甚有新意：

以道義相勉，有過失相勸的叫「畏友」；

有急難相助，逢生死可託的叫「審友」；

知面不知心的叫「面友」；

只知甜言蜜語、酒肉遊戲的叫「暱友」；

遇到有利就相奪，有害就相軋的叫「賊友」；

因地位盛衰而友情冷暖的叫「華友」；
依利益多寡而辨厚薄的叫「秤友」；
「要做好人，須尋好友」，圍繞在我們身邊的是哪種朋友呢？

欲長壽廣交友

在報上看到一則〈欲長壽廣交友〉的新聞——

古羅馬有句諺語：「多交一個朋友，就多十年壽命。」最近，美國發表了一份長壽老人朋友多的調查報告，在接受此項調查的一千七百三十名年逾八十的壽星中，好交朋友者占了百分之八十三以上。

交友有益健康長壽的原因有三：

一、朋友多，不寂寞；

二、朋友多，興趣多；

三、朋友多，運動多。

夢窗國師曾說：「知足第一富，健康第一貴，善友第一親，涅槃第一樂。」經典上也記載著以下四種朋友：朋友如山，朋友如地，朋友如秤，朋友如花。

患難之交猶如春風冬陽，善知識像大地一樣，給與我們成長，成就我們求道的因緣。

交友七法

朋友相交，貴在知心，眞正的好朋友應該是患難與共，也就是當你需要的時候，他隨時都會伸出友誼的手。所以朋友的定義應該是：

一、難與能與：朋友有了困難，需要你的幫助時，即使自己有困難，也應該勉力而爲。

二、難做能做：幫朋友做事，只要是好事，縱使做起來不容易也要去做。因爲朋友本來就應該互相幫助，能「難做能做」，足證友誼之堅。

三、難忍能忍：朋友相處，有時難免會產生誤會，有一些看法上的不同，乃至在語言上發生口角，此時必須互相包容、容忍，尤其要難忍能忍。如果連一點包容忍耐的胸襟都沒有，再好的朋友也不能長久相交。

四、密事相語：好朋友除了能在工作上互相幫忙、協助之外，尤其要能分享自己心裡的一些祕密。譬如在做人處世方面，或者財務上、感情上、事業上的祕密，都能和朋友互相協商，一起分享。

五、不揭彼過：好朋友可以規勸，可以勉勵，但是不能張揚他的過失。你張揚他的過錯，讓他很難堪，就不是好朋友了。

六、遭苦不捨：當朋友遭遇困難、痛苦、受災受難的時候，你不可以捨棄他；不能因爲朋友一時潦倒，就棄之不顧，這種勢利眼的人，日後也會遭到朋友的唾棄。

七、貧賤不輕：和朋友相交，在他榮華富貴的時候固然很歡喜，萬一貧窮、失意、受苦受難的時候，你也不能輕視他，能夠貧賤不輕，才是眞正的患難見眞情。所以和朋友相交，貴在彼此相互幫忙、相互協助，你能付出多少，朋友必能回饋多少。

星雲大師談相處

◎人處在現代的社會，要給人利「用」，才是有用的人，不要做個沒有用的人，不計得失，無嫉妒心各守各的本分安心工作，把自己融和在大眾裡平等相處，才是做人處事之道。

◎「處人不可任己意，要洞悉人之常情；處事不可任己見，要明白事之常理。」

◎我常對徒眾說：「做難做之事，處難處之人」。事情難做，所以我來做；能與不好相處之人融和無礙才是會做人。希望大家都能有這種承擔力，有承擔才有進步，肯付出才有收穫。

像跳探戈一樣

一九九六年六月二十七日，國立編譯館館長趙麗雲博士在中華電視台「蓮心」節目受訪時，侃侃道出彼此「跳探戈」是婆媳相處的最佳方法，這席話在我心裡留下了深刻的印象。雖然我童年祝髮出家，也不懂得舞蹈娛樂，但我常聽聞婦女信徒訴說婆媳家常，也曾聽說「探戈」是一種講求韻律節拍，並且舞者的腳步必須相互協調的舞蹈。親子、朋友、同窗、上下之間，何嘗不是要用跳探戈的方式彼此相處，有進有退，才能恰到好處。

人我之間的探戈要跳得好，必須細心留意彼此的步調，知進知退，通權達變，不但不能踩到對方的腳，而且也不能讓對方踩到自己的腳。人生的道路本來就是有來有去，有進有退，像待客的妙方是送往迎來；周全的禮貌是禮尚往來；而座談會議若能問者、答者環環相扣，才會趣味橫生；彼此閒聊必須說者、聽者應對如流，才能賓主盡歡。大自然的事物也是來往復始，循環不已，像嚴冬一過，春天跟著來臨；太陽下山，星月接著高掛天空；舊的一年逝去，新的一年接踵而至；枯葉落盡，枝椏繼續抽出嫩葉。宇宙人生就在這一來一往，一進一退之間，處處顯得生機盎然。凡有去無回者，大多不是好事，像射出的箭一去無回，必定會有死傷；攀登高山一去無回，往往凶多吉少。

總而言之，在社會上立身處世，唯有像趙館長說的「要如跳探戈一樣」，不計較進退得失，大家彼此你來我往，才能在生命的舞台上隨緣放曠，揮灑自如。

四道橋樑

我們生活在群體中，平常要和別人相見，不論是識與不識，都必須打聲招呼，表示溝通、友誼。人和人之間，有四道橋樑，可以使彼此相處愉快，減少磨擦的衝突。

第一道橋樑，見面三句話。中國人說，見面三分情，大家有緣相見，爲了表達我們的友善，像是：你好、今天很好、今天天氣很好，或是你來了、你辛苦了、請坐……等，讚美的語言像香水，一滴就能使四周彌漫迷人的香氣。我們到其他國家旅行，他們熱情地說 Hello、How are you、Good luck 我們聽了都很開心。見面三句話，讚美和祝福，搭起第一道友誼的橋樑。

第二道橋樑，相逢要微笑。不論是故舊或新交，一張有表情有笑容的臉孔，使人如沐春風，彼此心無城府地笑談人間事。一個肌肉緊繃的人，就像一朵失去顏色和香味的花，得不到別人讚賞的眼光。

第三道橋樑，生氣慢半拍。如果感覺自己如憤怒的火山，即將爆發時，不妨深呼吸，把到嘴邊的話，慢個半拍。比方，我們唱歌，你慢半拍，就和不上節奏；同樣地，當生氣的暴風雨曲目正要演唱時，你稍微慢個半拍，你的心境，就大不相同，即使餘怒未息，至少可以減弱許多生氣的殺傷力，不致對彼此建立的情感，造成不可挽回的遺憾。

第四道橋樑，煩惱自說好。煩惱時，不要傷害自己，更不要波及別人。近年來社會上流行ＥＱ，意即提高我們的情緒智商，其實就是佛教所說的「身心管理」。煩惱來時，先不要厭惡排拒他，反而要以迎接老朋友般地歡喜心情來看待。情緒就像面對一團亂麻，讓你剪不斷，理還亂，當我們不剪也不理時，只是先澄靜我們的心，再用這份澄靜之力，替煩惱整束穿繩，不再糾纏零亂我們的身心。

搭起這四道橋樑，橋上行旅平安吉祥，路人狹橋相逢時，自有一份「今生一照面，多少香火緣。」彼此疼惜，嘆爲稀有的美麗心情。

更好的禮物

送禮是一門很大的學問，從古至今，人們藉著送禮來表達彼此的關懷、感謝與祝福。然而，送禮要能送得適時、適當，才能發揮送禮的價值。有的人送禮不當，造成對方的困擾、不悅，或是彼此的尷尬，反而適得其反，失去了送禮的意義。

不當的送禮，例如，罹患糖尿病的人，你送他一包巧克力，你不能怪病人不吃，只能怪你自己的無知；夫妻結婚，你送一盒二十世紀的水梨，才剛結婚的夫妻，對此與「離」諧音的禮物，心裡犯忌，這不能怪他多心，只能怪你不懂得人情世故。

過去一般人探病，習慣送鮮花；但是鮮花會造成過敏，甚至傳染細菌，因此現在醫院大都不贊同送花。

一般人聽到別人身體不舒服，往往會熱心的介紹偏方、贈送成藥或補藥。其實，藥也不是萬能的，藥要能應病與藥，如果不能對症下藥，反而吃出其他的病來，則是後果嚴重。也有的人贈送奶粉、餅乾等，凡是吃的東西，都不是非常的適當。

那麼，贈送什麼才是最好的禮物呢？現代人時興送書、送禮券、送念珠、代訂報章雜誌等，這都是很有意義的禮物。我們送禮，一定都是送給親朋好友，對方收到我們的禮物後，要讓他能夠眞正的受到利益，所以最好的禮物應該是「忠言」；即使是「逆耳忠言」，也要方便地把你的眞心表達。

什麼是最好的禮物呢？「歡喜」是最好的禮物！你就是送紅包、送黃金鑽石等寶物，如果他不歡喜，也沒有意義，所以最好的禮物，就是送給他歡喜。所謂「恭敬不如從命」，你送給他恭敬，接受他的意見，這也是最好的禮物。

送禮得宜，可以增進彼此的情誼。夫妻之間最好的禮物，就是彼此忠誠體諒、親愛互助。父母送給兒女最好的禮物，就是栽培他受教育，培養他健全的人生觀，讓他習得各種立身處世的技能與知識。兒女送給父母最好的禮物，就是乖巧聽話，體貼父母的辛勞，不讓父母操心、生氣，這都是最好的禮物。

一般人習慣在逢年過節、生日、結婚紀念日，或是新居落成、榜上題名、升官發財等特殊喜慶的日子送禮。其實，當一個人遭逢橫逆，身心受創，悲傷失意的時候，你能伸出友誼的手，真誠的關心他、安慰他，送給他一些因緣，幫助他解除困難、遠離煩惱、提供所需，甚至給他一份祝福，祝他平安、祝他順利、祝他如願等。能夠雪中送炭，給人一些重新再出發的因緣、力量、知識、技能、方便等，這才是真正最好的禮物。

合作與分工

世間上無論做什麼事，合作才能成功，合作才有力量。例如，一個人的身體，眼睛要看，耳朵要聽，腳要走路，手要拿東西，嘴要說話，雖然功用不一樣，可是必須合作。合作，做人才能成功；合作，做事才能成就。

人的手掌有五根指頭，單靠一根指頭無法提物；如果五指「合作」並用，才能成為一個拳頭，而有力量靈活做事。

又例如一根木柴，不容易燒得起火；一大把木柴放在一起，就能發出熊熊的火光。所以世間上一切成就，必須眾緣和合，必得集合眾多的力量一起合作，才能眾志成城。因此，人不要嫉妒別人，不要排斥別人，唯有大家合作，才能得到彼此的方便與順利。

在一間房子裡，住了瞎子、啞巴與跛子三個人。有一天，房子失火了，情急之下，瞎子請啞巴駝負跛子，由跛子指引啞巴找到出口，瞎子跟隨在後，三個人終於「合作無間」地順利逃出火宅。這個故事說明，人只要肯合作，就沒有辦不了的事，就沒有成不了的功。

宇宙人生中，地水火風，因緣和合，才能生長萬物；土木瓦石，條件具足，才能興建房子。礦物經過分子合作，才有合成化學、合成石油、合成樹脂、合成纖維等新產品；音樂表演要透過合奏、合音、合唱，才能發揮音域的寬廣和諧之美。商業經營，也有所謂的合股、合資、合夥、合作社之組織；國際間，也有合眾國、聯合國的政治形態。小沙石要「集合」才能堆砌成山丘；小水滴要「合流」才能匯聚成江河大海。合，才能大；合，才能高；合，才能好；合，才能成。

合作固然重要，但也要懂得分工，分工才能各司其職，才能分層負責。一個團體中，主管要懂得授權，授權就是分工；部屬要懂得團結，團結就能合作。分工與合作考驗彼此的默契，就像「兩人三腳」，必須默契十足，動作一致，才能在缺陷中發揮互補的效能。

人體中，眼耳鼻舌各司其職，就是分工；五指握拳成掌，就是合作。但是，六根要能互用無礙，拳掌要能舒綣自如，才能成爲一個五官健全、根身正常的人。在軍事作戰上，也有所謂「分進合擊」，經由不同的路線分別向目標包圍，才能一舉殲滅敵人。所以，當合作時要全力以赴地合作，當分工時也要做適當地分工。能夠分工合作，團體才會健全；懂得合作分工，人際才能圓融。

老做小

人生原本無所謂的大小、高低、好壞、貴賤，完全取決於自己的觀念。達賴喇嘛在榮獲諾貝爾獎時說：「我還是一個不增不減的和尚。」陳水扁先生也說：「當總統和不當總統，其實都是一樣的。」

俗語說：愈是成熟的稻穗，頭垂得愈低。自古以來，愈是禮賢下士的帝王，愈是以賢名留芳；愈是不恥下問的老師，愈是能以學問傳世。

所以，人際之間，只要能夠做到「老做小」、「小敬老」，家庭必能融洽，社會必能和諧。

懷念煮雲法師

三十多年前，同參煮雲與我同住在壽山寺，只要有信徒供養水果，轉眼就不見了，原來是煮雲的弟子收去給煮雲法師；早上菜販送菜來，十時，壽山佛學院學生下課要典座時，好一點的菜色或菜葉上較嫩的部分都被煮雲的弟子挑走了，次數一多，信徒和徒弟們都在抱不平。我說：「煮雲法師和我已是數十年的交情，不嫌棄來與我共住，我沒有什麼好的供養，這一點小事，算得了什麼？」

和煮雲出門時，碰到要買車票，他就往「後」退，我則要上「前」去買票，次數一多，信徒又提出不滿音聲：「爲什麼煮雲法師都不買票？」我說：「我不勞你們擔心，錢就是要用，不用錢做什麼？」

每次用餐，煮雲總習慣坐「上」座，照相時習慣坐「中」間，走路時習慣走「前」面，久而久之，信徒都稱煮雲法師是「上中前」的法師。

在報攤上看到一、兩本好的雜誌，買回來放在桌上，一下子又不見了，不用問也知道是煮雲拿走的，信徒又說話了，我說：「我覺得好友喜歡看書很好，難道要交那些不喜歡看書的朋友嗎？」

煮雲法師比我大八歲，是同戒、同學、同參，尤其外表長得一副祖師像，實在可稱為我兄長，為人很厚道，生性無嫉妒心，不曾談過人我是非，人家對他有所批評，也只是哈哈一笑。相交數十年，每日朝夕相處，與慈莊、慈惠、慈容、慈嘉等人都相知甚深。像現在一提到煮雲法師，大家都可以舉出一大堆他在壽山寺時的點點滴滴，幾乎可以稱為「煮雲法師研究班」，對老友煮雲不勝懷念。

四互與四學

基本的做人態度是，和人相處要能溝通往來，不可各自爲政，多人在一起應要彼此互相學習。我有「四互與四學」要大家實行，這「四互」是——

一、互通：我一向提倡集體創作，在同一屋簷下，吃同一鍋飯，要能互通往來，互相問好，互通資訊，互通友誼。一個人的信心、修養、學識、能力，外表是看不出來，也不會知道。如果對周遭的人、事、物都不知道，不就成了隱士了嗎？任何事都要從心裡去知道，若不知道則要想辦法去了解——互通了知。心如流水、空氣、音聲、香氣到處流暢，才會有「世界」。

二、互助：若有活動，各單位要彼此互相支援協助，不可有「自掃門前雪」的觀念，不管是主機或小螺絲釘，彼此都是一體的，短視的不接納、不包容、自我排斥，如何做事？

三、互讚：「要能佛法興，除非僧讚僧」，尤其是晚輩者對長輩要多讚嘆，對倫理觀念要加強，這種讚嘆要從內心發出，才會有學習的意願。

四、互敬：看到別人有一點好處就要起恭敬心，自己不如、自己不能、自己不知、自己做不到，就要更加恭敬別人。車子沒有油了，就開不動，希望大家今後要互相加油。對長輩、信徒、義工、同事都要心存恭敬，才不會變成「無根」之人。一個人沒有根，東飄西蕩之下，最後會迷失自己，成為沒有方向的人。

「四學」是——

一、學講：「講」很重要，但要講出有思想、有創見、有佛法、有見解的話，善講者還能「觀機逗教」、「契理契機」，且能圓融。

二、學做：「坐而言，不如起而行」。空談無用，講了要能做到，尤其是佛門四十八單職事，樣樣都要學，每項都要「能」、都要「行」。但是初學者不要貪多，要學又要貪多，最後可能樣樣都學不好，得不償失。

三、學慈：慈悲為本，方便為門，要學習慈悲、微笑、講好話，替人解決困難。一個人任何東西都可以失去，但絕不能失去慈悲。有慈悲，就有佛法，故要用心去學習慈悲。

四、學改：衣服太大了不合身要改，布置不如法要改，飯菜做不好要改進，樹木盆栽在細小時，就要用心修剪整形，否則長大長粗就調伏不了。明知自己有缺失而不改，依然故我，則永遠不會進步，能改者必然進步神速。要「安於本座」，在一行而能樂一行，永遠不嫌棄任何一種工作。要改心、改性格、改習性，把不好的統統改了，年輕時不改，到年長時定型了就改不了。

除此「四互與四學」，更要做到——

一、不苦惱不煩惱：任何事只要歡喜、快樂，有「難遭難遇」的想法就不會有苦惱煩惱。出家就要與苦惱絕緣，與煩惱作戰，凡事要謙虛，要低頭，要多請教別人，要「知苦惱」才不會有苦惱。

二、不比較不計較：比較就會有分別，計較易起煩惱心，希望大家都是大德，做人方面要憨厚一點，心量不要太小，心思花在比較計較上，道念怎能成長呢？

三、不推諉不怨恨：稍遇挫折，對常住、同事就不滿意、怨怪，彼此不往來，彼此不溝通，事情怎能辦得圓滿呢？

在團體中彼此關係都非常密切，能做到凡事不推諉不怨恨，才能從中得到法喜。學佛要知緣起，這就是最現成的因緣法呀！不把握當下的佛法，不在生活中修行，又怎麼能夠圓滿人格呢？

四、不懶惰不懈怠：在佛光山道場辦道，如運動場上的接力賽，久了自然可以看出誰有耐力？誰經得起考驗？只要有戰鬥精神，路遙能知馬力。一個人寧可笨一點，腳踏實地，按部就班地跑完全程，也不要成爲聰明的投機分子。能投一時之機，不能結永恆之果，千萬不要忘了，努力的過程就是一種「結果」，沒有流汗的過程，就算甜美的果子擺在眼前，也體會不出果子的美好。

多被利用

我個人非常平凡，只要對佛教、對大眾有利的事，我都甘願讓人利用。因我的被利用，可以讓多數人受惠，我覺得是有價值的。

在處事上，中國的民族性是不喜人好、不喜人突出，故「一枝獨秀」的風格，較易受到排斥。所以老莊哲學可以訓練我們凡事不要操之過急，採低姿態較易生存，何況眞金不怕火煉，污泥能出蓮花，沒有挫折、逆境如何陶冶力量？

世界非只有我一人，事業、光榮非一定要集中在我身上，有用的人才會受到別人的排擠、毀謗，無能者謗從何來？所以對不友善的眼光和態度，要同情、憐憫他。在這佛魔各半的世界裡，容許異己的存在，找出內心的平衡點，隨緣生活，隨遇而安，隨喜而做，隨心而住，凡事坦然就能釋懷。

人我相處之道

（一）

人我相處之道在於彼此快樂，能如此才能安心、安住。吃、住方面的不如意尚是其次，不要太介意別人的一句話而起煩惱，世間沒有什麼不可以的事，只要商量、溝通，站在對方的立場「體貼」一下，不以情緒處事，自然能和樂共處。

「人生難逢開口笑，你苦什麼呢？
兄弟姐妹皆生氣，你爭什麼呢？
得便宜處失便宜，你貪什麼呢？
前世不修今世苦，你怨什麼呢？

冤家相報幾時休，你恨什麼呢？
虛言折盡平生福，你假什麼呢？
欺人是禍饒人福，你疑什麼呢？」

世事如同棋一局，有遠見者勝。有恩不求他報，凡事不要太過計較，忍不下時，用力再忍，「難忍能忍」，則一切均能如意自在。

一件事情的成就，要靠眾人的協助，一個人的力量畢竟有限，唯我獨尊的時代，似乎已不適應現在的潮流，眾緣和合能造就多彩多姿的生活層面。

一個人生活如何多彩多姿？除了要廣結善緣外，惜緣也不可忽視。在團體中除了發揮自己工作上的特長，慈悲、耐煩、柔和的胸量是不可少的。

「觀念」是事情成功與否的關鍵；臨事肯替別人想，是第一等學問。

（二）

「禮」是一種規律人們外在行爲的規範，使心和行爲、實質和形式達到調和，是人格圓滿境界，故孔子常說：「恭而無禮則勞，慎而無禮則葸，勇而無禮則亂，直而無禮則絞。」故「禮」之用，以和為貴。

在團體中與人相處，知和而和，能「和」，才能和氣、和平、和好、和悅、和順、和祥、和諧、和衷共濟、和氣生財！佛光山的優點不在大，非常自豪地在「和」中生活，在「和」中修道。

星雲大師

談情愛

人在世間上，最難做到的就是放得下，自己喜愛的固然放不下，自己不喜愛的也放不下。因此愛憎之念，盤住我們的心房，哪能快樂自主？如果對心愛的東西能夠割捨，對違逆能夠接受，進而做到無愛無憎，就如《心經》云：「遠離顛倒夢想，究竟涅槃」，那可就真正有功夫了。

如何處理情愛

佛教裡講到人，叫做「有情眾生」，意思是說：人類是因爲有情愛才生到人間來的，父母如果不相愛，就不可能結爲夫婦，子女又怎麼生到人間來呢?所以說：「情不重不生娑婆。」可是，人活在世上爲了情愛，常常苦樂參半，爲情所苦，爲情煩惱，所以處理情愛一定要有方法。

如何處理情愛呢?

一、用理智來淨化感情：感情是一個瞎子，所以必須要有智慧，要有明智的眼睛來看清愛情的盲點。因爲如果愛的對象不對，愛的方法不對，就會生出問題。

二、用慈悲來昇華感情：愛的昇華就是慈悲。一般世俗的情愛是自私的、狹隘的，如果能夠昇華爲對眾生的慈悲，所謂「無緣大慈，同體大悲」，一切就更完美了。

三、用理法來規範感情：感情如果沒有理法，隨便亂愛，胡作妄爲，這種悖逆倫理、不合道德的感情是會害人害己的。

四、用道德來引導感情：人皆有情，但要用道德來引導感情，所以君子愛人以德。

夫妻相處之道

隨著佛教徒人口的增加，近年來有一些年輕的男女，到寺院裡舉行佛化婚禮，要我爲他們證婚。我經常都會告訴他們下列的道理。

如何做一個先生呢？必須要記住：

一、身邊少帶錢；

二、晚飯要回家；

三、應酬成雙對；

四、幽默加慰言。

這四句話是說，做丈夫的身邊不要帶太多金錢；因爲錢多了，有時候很容易引誘我們做一些罪惡的事。再者，做個好丈夫，要回家吃晚飯，因爲好丈夫不能光是忙事業、忙交際，家庭也很重要。如果有應酬，要與太太一起參加，夫妻應該經常同進同出、出雙入對。平日要幽默加慰言，好丈夫是一家之主，平常要有幽默感，不要每天板著冷冰冰的面孔，有時候應該輕鬆一點，開個玩笑，對於爲家事忙碌辛苦的太太、兒女，要多給他們幾句安慰、感謝的話，如此，家中必能時時洋溢著幸福溫馨的氣氛。

另外，做太太的也有四句話要記住：

一、家庭是樂園；

二、飲食有妙味；

三、勤儉爲五婦；

四、讚美無祕密。

做一個好太太，要把家庭整理得像樂園，不要讓先生下班回來，覺得家裡很髒亂。最要緊的，飲食要有妙味，有人說：「要控制男人的心，先要掌握他的胃。」只要給他吃得好，到了要吃飯的時候，他自然會回家。勤儉爲五婦，要做一個像母親、像妹妹、像婢女、像妻子、像臣子般的太太；也就是說，對待丈夫有時像母親關心兒子、有時像妹妹敬愛兄長、有時像婢女服侍主人、有時像妻子依賴丈夫、有時又像臣子伴隨君王。讚美無祕密，平常對於先生要多說讚美的話，不要私藏金錢，不要隱瞞祕密。這樣，夫婦的感情必定很好。

植物情結

在自然界中，植物亦有「愛」和「恨」，它們之間也有「親家」和「冤家」。不過，這不是表現在感情上，而是展現在它們的生長狀況上。

科學家經過實驗證明：情投意合的植物爲伍，會親親熱熱，相得益彰。像洋蔥與胡蘿蔔就是好友，它們散發出的氣味可以驅逐彼此的害蟲。大豆喜與蓖麻爲鄰，因蓖麻的氣味能使危害大豆的金龜子望而生畏，避而遠之。玉米和豌豆合作，兩者生長健壯，互惠互利。葡萄園裡種上紫羅蘭，彼此能夠友好相處，結出的葡萄香味更濃。更有趣的是，英國科學家用根莖葉散發化學物的蓮綫草，與蘿蔔混種在一起，半個月內就長出了大蘿蔔。檫樹和杉樹種在一塊，能夠互避其短，互惠其長，有利於雙方健康生息和改良土壤。

但是，也有些植物是水火不容的冤家。捲心菜和芥菜是一對仇敵，相處後兩敗俱傷。水仙和鈴蘭休想爲鄰，長在一起會同歸於盡。白花草、木樨與小麥、玉米、向日葵共同生活，會使小麥等作物一無所穫。甘藍頭和芹菜、黃瓜和西紅柿、蕎麥和玉米、高粱和芝麻等，都是冤家對頭。

世界眞是無奇不有，植物間也有鮮爲人知的「情結」，喜歡植物的人，不妨參考一下。

星雲大師

談發願與立志

◎古今多少名人之所以能成就不世偉業，皆因胸懷壯志；因為有大願心、有大企圖心，故能有所成就。

◎力量的來源要靠發心，我們常說鼓勵會增加力量，信心的建立會增加力量，對未來有希望會增加力量，從事有興趣的事會有力量。學佛的人要在佛法中、禪悅裡體會力量。有了力量，就能多一份心思去體諒別人。

要有企圖心

世間上，促成人進步的力量很多，「企圖心」是其中很重要的力量來源。因爲有企圖心希聖希賢，所以要立志發願；因爲有企圖心爲國爲民，所以要發憤圖強。有企圖心，才能完成人生的目的。

企圖心不是圖謀不軌，不是爲一己之私而鑽營；企圖心必須導向利人濟世的悲心弘願，必須是向眞、向善、向美的動力，如此才不會助長犯罪。

世間上，有的人爲了對社會貢獻，爲了造福鄰里，所以犧牲奉獻、奔走呼籲；也有的人對忠義道德心生嚮往，因此即使殺身成仁、捨生取義，也是心甘情願。反之，有了不良的企圖心就會引發不好的結果，例如貪贓枉法、貪污舞弊、奸巧拐騙、行使詐術、吹牛拍馬、貪得無厭、損人利己、不擇手段等投機取巧的僥倖心理。因此，企圖心的善惡，在君子與小人之間立刻顯現；企圖心的好壞，在忠奸之前立即分辨；企圖心的大小，在聖凡之中立即分明。

企圖心不是憑空等待，有了企圖心想要成就大事，就應該起而企劃謀擘，進而付之行動，如此才能實現願望。

古今多少名人之所以能成就不世偉業，皆因胸懷壯志；因爲有大願心、有大企圖心，故能有所成就。例如班超「投筆從戎」，因爲他有效法張騫出使西域的企圖心，終於立功異域，名垂青史；劉秀「得隴望蜀」，因爲他有統一全國大業的企圖心，因此蕩平逆黨，得遂所願。歷代多少寒門士子，十年苦讀，終能一舉成名，也是因爲有求取功名，光宗耀祖的企圖心；乃至武則天、朱洪武因爲有稱帝的企圖心，故能以布衣之身君臨天下。

近代享譽學術界的李遠哲、高希均，雖然出身寒微，因爲懷抱一份學者報國的企圖心，故能在科學與經濟的學術領域大放異彩。再如縱橫商業界的吳修齊、王永慶；聞名藝術界的齊白石、張大千；乃至當前政治界的新舊任總統李登輝、陳水扁先生，都是在困境中苦讀苦學有成的典範。

所謂「三代之前，唯恐好名；三代以後，唯恐不好名。」現代則唯恐沒有企圖心；沒有企圖心則懈怠墮落、消極頹唐，一事無成。因此，做人要有做好人、做大人、做偉人、做專家學者的企圖心；要有希聖希賢、成佛做祖的企圖心，如此才不會空到人間走一遭。

發心才有力量

（一）

常有徒弟在工作上遇到挫折、不如意時，就會對我說：「我好疲倦，沒有力量。」

力量的來源要靠發心，我們常說鼓勵會增加力量，信心的建立會增加力量，對未來有希望會增加力量，從事有興趣的事會有力量。學佛的人要在佛法中、禪悅裡體會力量。有了力量，就能多一份心思去體諒別人。

凡事「如得人意，卻不得我意；

如得我意，卻不得人意。

要得人如我意，除非我如人意；

人人所得如意，大家萬事如意。」

（二）

我常說「無用」與「無明」兩者之間，無用沒有關係，無明卻很嚴重。我一生經常想到自己無用，想到我沒有音樂、梵唄的素養，也沒有語言專長，對財務更沒有概念，就是因爲自覺無用，所以要發心。每次只要有人找我做事，我就感謝對方看得起我，給我機會，在感恩、感動之餘，就想到要如何才能發心報效，煩惱也因此減少。

所以一個有感恩心、肯發心的人，就有佛法；有了佛法，便能隨遇而安，隨緣生活，隨心而做，隨喜自在。

不立志而無願

現在的青年懶洋洋的，做事提不起幹勁，打不起精神，讀書引發不起興趣。這究竟是什麼原因呢？就是因爲沒有眞正發願，沒有發願，所以就沒有力量。

譬如有位青年發了一個心願：要把畢業特刊編排得很好。有了這個心願，給自己加上了一項責任，好比上了發條的時鐘，力量就產生了，廢寢忘食，絞盡腦汁，都要把這本刊物編得盡善盡美。這時候，心無旁騖，一心一意要實現願望，一定能夠如願以償。

過去的祖師們在一個地方一住就是十年、二十年，即使受到任何的磨難，也不輕易離開。這是爲什麼呢？因爲他們發了願，立了志，爲了將來能夠成爲法器，所以甘受一切磨練。同學們是否也有這種願心呢？沒有發願，就害了「無志病」。佛陀在還是少年時，看到受苦的眾生，就立下救濟眾生出離苦海的悲願。玄奘大師在幼小的年紀，就有光大佛教的志願，青年人要成聖成賢，一定要先學習發願。

星雲大師

談潛能

人的潛能就像能源藏在海底、埋在深山裡，需要開發才能顯現出來。開發潛能，首先要肯定生命的價值，我們每個人的生命都有無限的價值，切不要以為自己只有五尺、六尺之軀，能有多少能力？能有多少作為？其實生命裡面有無限的價值，即使小小一個平民百姓也能旋轉乾坤，有時小兵也能立大功。

人類的潛能

據蘇聯的潛能研究專家研究所得，一個人只要用潛能的百分之五十，就可以精通四十幾個國家的語言，還可以得到十個以上的博士學位。

至於潛能要如何開發呢？

有一個酒鬼，喝得爛醉如泥，走到墳墓旁邊，不小心掉進一個準備隔天放棺材的大坑中，怎麼爬也爬不出來。心想：算了，明天再爬吧。

不一會兒，聽到一個聲音，原來另一個酒鬼也掉下來了。前面的酒鬼打算靜觀後面的酒鬼如何爬上去，豈知後面的酒鬼也是爛醉如泥，爬了幾次還是爬不上去。前面的酒鬼看了不忍心，迸出一句話：「老兄，你就別費力氣了。」沒想到後面的酒鬼聽了這句話，一下就蹦上去了，他心想：「這裡怎麼會有聲音，莫非見『鬼』了！」

每個人都有無限的潛能，尤其遇到危急的時候，平時弱不禁風的人，一下子力氣百倍；平時拙於言談的人，遇到挑釁，也會針鋒相對。人的潛能就像能源藏在海底、埋在深山裡，需要開發才能顯現出來。根據專家研究報告，人有無限的潛能，但平時使用者，只是幾萬分之一而已。所以現在社會上流行腦力開發、心靈開發、幼兒開發等各種開發潛能的課程。

開發潛能，首先要肯定生命的價值，我們每個人的生命都有無限的價值，切不要以爲自己只有五尺、六尺之軀，能有多少能力？能有多少作爲？其實生命裡面有無限的價值，即使小小一個平民百姓也能旋轉乾坤，有時小兵也能立大功。所以我們要肯定自己，相信自己，可以爲國家社會做出很大的貢獻，爲自己成就很大的事業。

其次，人要勇於面對現實，有的人經常慨嘆世態炎涼，人情冷暖，覺得很難在社會上立足，覺得現實太殘酷了。其實只要我們以一顆平常心處世，只要我們把自我潛能發揮出來，只要我們做好自我的價值評估，然後勇敢的面對現實，必能有所作爲。

當初佛陀開悟的時候曾說：大地眾生皆有如來智慧德相，人人皆能成佛。人都能成佛了，還有什麼不能的呢？所以每個人都有無限的潛能。只是人往往沈迷於世間物欲，迷惑於世間的情感，把自己的眞心本性蒙蔽了。現在我們只要清除自己心靈上的塵埃、污垢，涵養我們本自清淨的心靈，如此自能把自我的潛能開發出來。

創造第二個春天

在我們人生的旅途上，不管從事的是士農工商哪種行業，能順著跑道往前走當然很好，但若碰到不順遂時，就要考慮自己的能力，衡量自己的條件，跑兩百公尺？四百公尺？一千公尺？或是馬拉松？再換一個跑道，所謂方便有多門，歸元無二路！

不少人在工作上碰到逆境，或事業做得不順，就以爲是人生的末日，事實上並不盡然，人只要懂得換一個跑道，很可能就會柳暗花明又一村，開始人生的第二個春天。

有的人在年輕時，很會賺錢，到年紀大時，不再汲汲地追求金錢；換個跑道，傳承自己的經驗，用講演的方式，來跟大眾結緣，這種轉變，也是人生的第二個春天。

社會上有不少在感情上受到傷害的怨偶，有的去改嫁、有的再娶，只要合法，重新過婚姻生活，這也是人生的第二個春天。除此，我們也可以奉獻自己的生命去做義工，從服務大眾中得到很多快樂，那義工生活就是你的第二個春天。

人們常犯的毛病就是凡事都只想到自己，若能換個角度多為別人設想，自然人緣會順暢，世界會廣闊，同時也開創了生命的第二個春天。

我們常常把自己的興趣固定在某個方位上，一遇到瓶頸，就鑽牛角尖，若能即時放下，換個管道、轉個興趣，所面對的空間很可能就是你的第二個春天。

人生在世，因世間「無常」，故沒有定型，房屋有成住壞空、人有生老病死、時間有生住異滅。所以因為無常，才能將壞的改成好的；事情做不好，只要多花一點時間，總會把它做好，人雖貧窮，但只要下一番功夫努力，就會賺錢，在世間上，多少的第二個春天等待著我們。

星雲大師

談管理

「人能以待死者之心待生人，則其取材也必寬；人能以待初交之心待故舊，則其責備也必恕。」

——《願體集》

最高的管理學

曾經聽過一則家庭主婦的故事，讓我感觸良多。

有一個母親就要過七十歲生日了，家人們祕密地商量著如何爲她祝壽，想了半天都不知道她最喜歡什麼，最後小兒子說：「我知道，媽媽最喜歡吃我們每餐剩下來的飯菜。」大家想想，的確如此，於是到了這一天，兒女們就將冰箱裡的剩菜清出來煮了一鍋，說道：「媽媽，今天是您的生日，我們煮了您最喜歡的剩菜孝敬您。」這位母親聽了，一面流淚，一面說道：「是的，我最喜歡吃剩菜，幾十年來，你們所不喜歡的，我都默默歡喜地承受下來。」

自古以來，男士多稱自己的太太爲「內人」、「拙荊」甚至叫「賤內」，其實賢妻良母才是家庭裡面主導內外的核心人物。我將這種肯犧牲，肯奉獻，不計較，不嫌苦的管理方法稱爲「剩菜哲學」，用它來教導我的徒眾。但看古今中外，善於管理的良臣名將不都是因爲擁有這種體貼、承擔的美德，所以能夠克敵致勝嗎？像吳起領軍，不但與兵士同榻而眠，同桌而食，而且噓寒問暖，爲吮膿血，所以官兵們都肯爲他赴湯蹈火，在所不辭；李廣帶兵，在饑乏之際，發現泉水，不待士卒盡飲，必不近水，不待士卒盡餐，必不嘗食，所以大家都樂於爲他效勞賣命，出生入死。

因此，所謂「管理」，不一定高高在上，發號施令，而應當深入群眾，將團隊的精神帶領起來。三十多年前，我初創佛教學院，即使像「出坡」這麼一件例行的事情，我都親自說明意義，並且身先表率，挑磚擔水。三十年後的今天，想要爲我做事情的徒眾何止萬千，但我不僅未曾以命令的口吻叫人做事，還經常主動地爲徒眾解決問題。常常聽說某個徒眾在北部事情忙碌，我便爲他主持南部的會議；往往知道哪個徒眾正在主持會報，一時無法結束，我就爲他代課教書。

我覺得最好的管理，是自己先與對方建立「生死與共」的觀念，才能發揮最大的整體力量。

過去曾經有一個連名字都不會寫的男孩被送來佛光山，大家都嫌他笨拙，我用玩的方式來教他，慢慢地，他竟然開了智慧。大雄寶殿剛落成時，裡面有一萬四千八百個小燈泡，線路錯綜複雜，全由他一個人包辦；還有一個摩登妙齡女郎，每次來山總是打扮得花枝招展，當時不知有多少人反對我收她做出家弟子，但她後來在佛法的薰陶下，不但勤勞努力，而且本分盡責，得到眾人的讚美。所以，說到「管理」，其實是在考驗自己心中有多少慈悲與智慧。

每年大年初一，我都能約略算出今年春節大概會有多少人上山；在某些地方待上一、兩天，我也能知道當地寺院油香的多寡。徒眾輒感驚訝，其實我無絲毫特異功能，只是因爲我有心去留意大小車子的流量，我肯去主動地了解每個地方的人文經濟，由於我心裡面有數字的概念，所以在管理寺院的時候，無論是行政、財務、工程、總務……當然就能夠預事而立，面面俱到了。

所以，管理的妙訣，在於將自己的一顆心先管理好，讓自己的心中有時間的觀念，有空間的層次，有數字的統計，有做事的原則。尤其最重要的是，讓自己的心裡有別人的存在，有大眾的利益，能夠將自己的心管理得慈悲柔和，將自己的心管理得人我一如，才算修滿「最高管理學」的學分。

當義工的義工

（一）

回想近二、三十年來，不管我走到哪裡，很多人都願意跟隨我做事，原因是我先幫他們解決行坐食臥等問題，讓他們在「無後顧之憂」下，協助我做事。如：

我要麻煩義工寫字時，就先將筆、紙、座位找好，安置好，好讓他寫字；花草要澆水，我事先將水桶、水管準備好，並告之對方，水龍頭開關在哪裡；搬運貨物時，我先計劃好存放的地點、空間、擺設方式，再和義工一起搬運，途中還要和他談佛法，給他歡喜。吃飯時幫他添飯、倒茶水，了解其心理需要。

記得在宜蘭時，那時的美工人才很少，楊錫銘先生發心要爲我的幼稚園畫壁畫。我很感激，成天陪著他，替他準備畫筆、顏料、調色板、尺、茶水等，就好像是學徒一樣。我絲毫不敢怠慢的誠意深深打動對方，後來楊先生還皈依了佛教。

朱橋先生是五十年代非常有名的編輯，其負責的《幼獅》雜誌，更帶動了那時社會上所有雜誌重視美工。朱橋先生在替我編《今日佛教》時，時常工作到深夜，不知有多少寒流的夜晚，都是我在陪他。他常勸我：「師父，您先去休息吧。」我還是陪著他，等到適當時間，煮碗麵或泡杯牛奶給他吃，他也是爲我的誠意所感動。後來，我們的《今日佛教》也帶動佛教的雜誌進步。

如果徒眾都能像我這樣去對待義工，惜緣地帶動、輔導、協助，讓他們能進入工作狀況，自然對工作推展有很大的助益。不要輕易使喚義工，不要不顧念義工，你若無情，他哪會有義？

「開口動舌無益於人，戒之莫言；

舉心動念無益於人，戒之莫起；
舉足動步無益於人，戒之莫行。」

（二）

所謂「義工」，看起來是爲人，其實最有利益的還是自己。

佛陀座下有位專司知賓的陀驃比丘，每天任勞任怨地工作，即使在深夜，有人前來敲門掛單，他也歡喜地提著燈籠，爲其引導安單，數十年如一日，後來終於感得手指自然放光的福報，日後再也用不著打燈籠爲人引路了。我自愧功德未臻圓滿，四肢五根都不曾放光，然而在爲人服務的同時，心燈通體明亮，法喜充滿全身，自認是人生最大的福報。

一些事業有成的信徒常對我說：等到將來退休以後，要來佛光山當義工，服務大眾。其實做「義工」不必寄望於未來，此時此刻，就可以實踐菩薩道的「義工」精神，以四攝六度利樂有情。有心服務大眾，更不必等到退休，眼前就能自我期許，做個不「退」轉菩薩、不「休」息菩薩。

人身難得，勝緣難再，把握當下每一分每一秒，在世間廣結善緣，人生豈不更有意義？

知人之明

（一）

「知人、育人、用人、留人」是身為領導者必具的識能，知人首重目標一致，育人則要懂得教導部屬，用人要公平合理，留人要使之有前途。在《徂徠訓》上，關於統理大眾，有很好的意見——

一、不能一開始就想要了解人的優點，必須等用人之後，優點才會自然呈現。

二、用人時，只需取其優點，不必過分去了解他的缺點。

三、不可只任用投其所好的人。

四、不要計較小過，只要重視對方的工作即可。

五、用之則無疑，務必給與充分權限。
六、在上位者，不可與在下者爭功。
七、人才者，必有乖癖，因爲有「器用」，自然不能捨癖。
八、只要能善用人，必定可獲得適事、應時的人才。
而基於下位者，對處事之態度，莫過於：
「勿以七分的學德，博取十分的榮譽；
應以十分的才幹，擔負七分的任務；
要用十分的準備，教授三分的課程；
雖受三分的恩惠，也報十分的德澤。」
有一次愛迪生對海倫·凱勒說：「你聽不見任何聲音也有好處，至少比較容易集中心思，不易受外界干擾，像這樣活在自己的世界裡，不是很好嗎？」
海倫·凱勒：「如果我是個像你這樣了不起的發明家，我希望能夠發明一種使聾子得到聽力的機器。」

愛迪生詫異地表示：「你眞的這麼想？我可不做這種無聊事，反正人類說的話多半無關緊要，可聽可不聽。」

（二）

身爲主管者要有度量讓屬下發揮所長，在「提拔後學」的原則下給與機會，不要老留在身邊不讓其離開。領導者本身不能太忙，忙是一種落伍的表現。如何授權給屬下？如何交棒？是主管人員必須學習的課程。對屬下如何知性而用其所長，更是一門學問。三國時，諸葛亮的知人之道，值得大家參考：

「問之以是非而觀其志。

窮之以詞辨而觀其變。

咨之以計謀而觀其識。

告之以禍難而觀其勇。

醉之以酒菜而觀其性。
臨之以利益而觀其廉。
期之以約法而觀其信。」

（三）

我一生都很相信徒弟對我講的話，雖然常常「上當」。只要有人發心要到國外，我都會答應，只要能堅守對我的承諾，我也會一切ＯＫ。

「有什麼方法，可以和異己者團結？」

委曲求全、謙虛、低下、熱忱、主動地跟對方溝通，是團結的方法。

「恩宜自淡而濃，先濃後淡者，人忘其惠；威宜自嚴而寬，先寬後嚴者，人怨其酷。」

用人之道

（一）

要靜下來聆聽對方的音聲，是「溝通」的祕方。多替他人設想，是避免摩擦的不二法門。

東漢劉縯、劉秀兩兄弟，在家鄉日夜練兵，準備打倒王莽的新朝時，左右鄰居就說道：「劉縯太糊塗了，如果這樣鬧下去，將來我們這些鄉親的命都要不保了。」說著大家都躲起來，深怕會被牽連。後來鄰居們看到劉秀也脫下農裝穿上軍服，準備出征，又說道：「連謙和敦厚的劉秀都參加他們，大概不會錯。」大家才放下心來。

由此可知，你是否是個優秀的領導者？在於你屬下能否持續著優異表現。關於用人之道，我的意見是：

「取人之直，疏其諂曲；

取人之樸，疏其奢侈；

取人之寬，疏其狹隘；

取人之敏，疏其懶惰；

取人之辨，疏其迷糊；

取人之信，疏其虔偶。」

人有所長，必有所短，可因知以見長，不可忌長以摘短。

（二）

有徒弟問過我：「師父，爲什麼每個人有事一定要找您談？有話一定要對您說？任何人、事、物在您面前都可以擺平，而且大家也都很心甘情願地爲您所用？師父是如何調御的？」

孔子有句話說：「能與人言而不與之言，則失人；不能與之言而與之言，則失言。」我自信我是個能不「失人」又不「失言」的人，故大家對我有份信賴，更何況藉著佛光的庇佑，有什麼不能攝受的？

曾國藩云：人生有三樂——

一、讀書聲出金石，一樂；

二、弘獎人才，助人日進，二樂；

三、勤勞而有憩息，三樂。

除此之外，我們也常聽人家說「爲善最樂」、「知足常樂」、「如願快樂」、「涅槃第一樂」……「樂」是和諧、規則、快意的感覺，如何在人生道上尋求自己快樂的安住點很重要，不管是樂土、樂育、樂業、樂群、樂天，只要能樂此不疲爲社會服務，自然能樂事勸功讓大家來肯定。

星雲大師談時間

「晝坐當惜陰，夜坐當惜燈；遇言當惜口，遇事當惜心。」

閒時要珍惜忙的一刻，忙時要珍惜閒的一刻。

如何利用時空

行善要趁早，求法要及時，我請問大家：你們在這短暫的人生時空中，是怎麼樣生活下來的呢？有沒有把握時間行善求法？有沒有利用空間自利利人？

佛經裡有個譬喻。有個國王身邊經常有左右兩大臣，國王喜歡左邊的大臣，不喜歡右邊的大臣。右邊的大臣覺得奇怪，不明白自己何以失寵，只好密切注意對方的一舉一動。不久，他發現自己不受寵幸的原因了。原來每次國王一吐痰，那個受寵的大臣就立刻伸腳去替國王把痰擦掉，藉此贏得了國王的歡心。這個大臣恍然大悟，立刻如法炮製，可是每次都慢了一步，趕不上對方的時間，一直爭取不到替國王擦痰的機會。

後來他想到一個捷足先登的辦法，下定決心非搶到先機不可，就在下一次國王要吐痰的時候，他看準了時間空間，飛起一腳踹上國王的嘴巴替他擦痰……這下可好，不但把國王的門牙都擦掉了，還擦得國王滿嘴都是血，也終於搶先一步把國王的恩寵完全擦掉了。

貪愛愚癡的人，永遠不懂得利用時空，甚至錯過了時空，只有懂得利他利眾的人，才能把握無限時空。

有一個日本大官問澤安禪師如何處理時間：「唉，我這個官做得眞沒有意思，天天都要受恭維，那些恭維話聽來聽去都一樣，實在無聊。我不但不喜歡聽，簡直有度日如年的感覺，眞不知這些時間該怎麼打發才好？」

禪師笑笑，只送給他八個字：「此日不復，寸陰尺寶。」意思是說：光陰逝去就不再回來了，一寸光陰一尺璧，要懂得珍惜啊。

現在大家講「節約」，只知道用東西要節約，用錢要節約，不知道時間要節約，感情也要節約，慾望要節約，生命更要節約……一切心念和行事都要適當節制，不可以放縱泛濫，才是懂得利用時空的人。

人生三間

在人間的生活當中，「三間」是最重要的。「三間」如果處理得好，幸福安樂；處理不好，煩惱無邊。

所謂「三間」是——

第一是時間。守時的人生非常重要，對於約定的時間要遵守，所以有「限時專送」、「限時完成」、「限時履約」。時間對吾人非常的重要，從小我們都讀過：「日曆日曆，掛在牆壁；一天撕去一頁，我心多麼著急。」因爲人生一世，有一定的時間，一年復一年，一日復一日，人生幾何？怎能不重視時間呢？

第二是空間。空間對人生非常重要，從小我們就知道要爭取一個座位、爭取一個床鋪，總希望能有多一點的「空間」。及至進入社會，爭土地、爭房屋，也是希望自己多擁有一些「空間」。多少人爲了爭「空間」而鬧上法庭；路邊經常可見一些交通事故的現場，有人在爭執，也是爲了「空間」在計較。甚至國與國之間，爲了領土空間而戰爭，死傷無數。雖然是宇宙寬廣，夜眠不過八尺，但是誰願意放棄「空間」呢？

第三是人間；也就是人與人之間。人我之間如果關係良好，相助相成，這是很大的福分；如果相嫉相斥，則痛苦不堪。

人我之間，重要的是相互尊重、包容、諒解、幫助，如果有一方不能體諒另一方，則人我之間必然會發生問題。相愛的夫妻鬧婚變，就是不善於處理「人間」；多年的朋友反目成仇，他們的「人間」必然有了問題。所以，人我之間如果不能恰如其分，不能合乎情理，就會產生煩惱。

其實，每一個人都只是世間的一半，甚至是三分之一；「我」以外還有一個「你」，你以外還有一個「他」，你我他之外，還有周遭接觸的各種人等，所以人與人之間，是一個多麼難處理的問題啊！

人生三間，對於時間的流轉，除了自己遵守時間以外，由不得我來掌控。至於空間的運用，各有各的據點，每一寸空間都有它的主人，我們不能不以合法來擁有。只有人我之間，端視我的智慧、本領、福德因緣；我應該把多少給與人間，才能和諧人間？如果我能圓融人我之間，人間就會回報我以安樂。

所以，人生三間，我應該如何游走呢？就看吾人的智慧與修養了。

忙的類型

根據美國政府對中小企業的經營者所做的分析顯示，「忙」的類型有下列數種，可做爲自省的參考：

一、喜歡指揮型：這種人什麼事情都要管，就結果而言，是處處在妨礙別人工作。

二、喜歡開會型：什麼芝麻綠豆的小事都要開會，不僅浪費時間，也沒有時效。

三、夢想型：滿腦子只有「明天來做什麼」的空想，而沒有一點實行能力。

四、愛管閒事型：什麼事都要插手，但不知其他的人，其工作效率會受到影響。

五、圖表型：只知道天天忙著做統計圖表，不知活用所得到的資料。

六、堆積如山型：視文件堆積如山爲樂的人，這樣的人唯有如此才能心安理得，實際上不見得眞正在做事。

七、天才型：本身對工作熟悉度確實較別人爲甚，只是因此喜歡教導別人，結果反而疏忽自己工作。

八、門戶開放型：以廣泛聽取屬下意見爲最大樂事，連自己不知道的事情也要管。

我很歡喜徒眾「忙」，也很鼓勵徒眾「忙」，從忙中可以學習，從忙中可以收穫，從忙中可以增長見識，從忙中不會有煩惱。問題是要「知所以忙」，不要犯了以上任何一項。生命誠可貴，不要把時間浪費在無謂的事情上。

說忙說閒，不過是事相上的對待，若能理事圓融，則雖忙猶閒。有一首偈語如是說：

「閒到心頭便是閒，心閒方可話山居；

山中縱有閒生活，心不閒時居更難。」

眞正的閒，是心頭上超然物外的閒。若心中無所住著，不計較人我得失，就能安住於清閒的生活中，而不被生活所羈絆，就可以做到能忙能閒、能動能靜、能早能晚、能飽能餓、能進能退、能有能無……無所不能。

珍惜時光

據報導，有一位心理學家，抽取三千個人做實驗，問他們一個簡單的問題：「你怎麼樣過日子？」統計結果發現，三千人之中，有百分之九十四的人只是忍耐今天，等待未來。等待有什麼事發生、等待還是幼年的孩子長大自立門戶、等待下一年的來臨、等待另一個嚮往已久的旅行、等待親友死亡、等待明天。

在我們生活中，確實有不少人，不曾體會過我們只有今天，因昨天已過，明天尚未到來。苟且的心態，滯阻了多少應做而未做的事情。

尤其在講究「生涯規畫」的現代社會，大家更應該了知「自己」，如何自我定位於一份工作上，而好好發心奉獻，不可在漫無目的地「等待」中，把「現在」犧牲掉。

星雲大師

談生涯規畫

過去種種譬如昨日死，今日種種譬如今日生。
人的一生要不斷地更新，尤其在自己身心的調整上，要懂得規劃人生，
為自己訂下一日的計畫、一月的計畫、一年的計畫、一生的計畫，
為自己許下願心。

生涯規畫

「生涯規畫」，這是現代社會、現代人生的一個現代新理念。

現代人，有的人在金錢上規劃自己一生的用支；有的人在感情上規劃自己一生的結婚、生育計畫，不但對何時成家立業甚至對所謂「傳宗接代」，也都有了長遠的規畫。

有的人，不但爲自己的生涯做規劃，甚至對祖先的紀念、對兒孫的未來、對社會的道義，也都做好了自己奉獻的規畫。當然，也有一些人，拿著一個月的工資，只能規劃一個月的生活；有的人拿著一天的薪水，只能規劃這一天的用度。

有的人，除了規劃一日三餐，已無餘力規劃其他；有的人，只能規劃自己的存在，沒有力量再去規劃別人。看來在世間上做人，能有一個完整的人生規畫，實在是不容易。

孔子的「吾十又五而志於學，三十而立，四十而不惑，五十而知天命，六十而耳順，七十而從心所欲，不踰矩。」意思是說他十五歲立志向學，三十歲自我健全，四十歲已不受世間聲色迷惑，五十歲慢慢懂得自然人生的意義，六十歲對世間各種言語聽得順暢習慣，七十歲想要什麼已隨心所欲，不容易違犯規約。這就是他的人生規畫。

世界四大文明古國之一的印度，他們把人生規劃爲：二十歲是自學的人生；四十歲是服務的人生；六十歲是教學的人生；八十歲是雲遊的人生。

也有人把人生規劃爲五個階段——

一、文學的人生（二十五歲以前）：努力求學，增加知識，充實自己。

二、經濟的人生（二十五至三十五歲）：在事業上打拚，擔起家庭生活開支的責任。

三、哲學的人生（三十五至四十五歲）：對宇宙間的種種問題產生思考、研究。

四、歷史的人生（四十五至五十五歲）：留下功業在人間，讓自己的信仰、言論成爲後人的模範榜樣。

五、宗教的人生（五十五歲以後）：將過去、未來的人生結合在一起，倡導宗教的價值和生命的意義。

現代社會上的人，則把自己規劃爲士農工商，各自在自己的領域中發揮所長。甚至佛教主張的「悲智雙運」、「福慧雙修」、「行解並重」、「慈悲喜捨」等，也都是生涯規畫的依據。例如：口才好的人，可以從事教化工作；擅長文字的人，可以從事文化傳播；思想縝密的人，可以從事學術研究；富有慈悲心的人，可以從事社會公益等等。

其實，眞正的人生規畫是不確定的，各有因緣，有時候實在由不得自己做主。所以，最好的生涯規畫是把自己規劃成：自覺的人生、自度的人生、利他的人生；在生活中，要有淨化的感情，要有善用的金錢，要有德化的處世。能夠把「移風易俗」做爲自己人生規畫的前提，讓自己的生命活得有意義、活得有價值，這就是最好的生涯規畫。

四十年人生計畫

現在是個講究計劃人生的時代，如果說，每個人可以活到七十歲，以平均年齡二十八歲來算，我提供給你們「四十年的人生計畫」是——

第一個十年：三十歲～四十歲。

一、做一顆棋子，聽從常住前輩指示，學習忍耐、委屈，任人在棋盤上擺布。

二、做一台錄音機，感性敏銳地將師長訓示錄下來，並時時不忘。青年人之所以不易成就，大多是不知接受。

第二個十年：四十歲～五十歲。

一、做一枝筆，以文字般若來供養十方大眾，將所學經驗通達明瞭地表達出來。

二、做一個喇叭，講經說法，樂說無礙。

第三個十年：五十歲～六十歲。

一、要做一輛汽車，到處雲遊行腳，廣結善緣。

二、要做一架飛機，飛得高，飛得遠，飛得快，在國際間弘法，具國際性格。

第四個十年：六十歲～七十歲。要做蒲團、春凳，好好收心，用功打坐參禪，把自己縮小。

每個人對人生都有不同的看法，菲律賓人希望一天內就將一百年過完，中國人希望一天能過得像一百年那麼長，我覺得剎那就是永恆，最重要的就是把握當下，時間不會等待我們，如果能按照這「四十年人生計畫」去生活修持，將來必有所成。

星雲大師

談財富

◎合理的財富叫淨財，反之叫不淨財。
金錢可以擁有，但君子愛財取之有道。

◎經云，積存儲蓄金錢，並不一定是我們的，但如果拿來種福田則享用不盡，
要能捨才會有所得，肯布施必定會得到很多。
金錢抓得太緊不會用是吝嗇；太浪費不知節制也是不當，
當賺則賺，當捨得捨，有來有去用得適當，是最好的人生觀。

從擁有到用有

人人都想「擁有」，但問題在於人心不足。塡飽肚子，又求珍饈；娶了嬌妻，又求美妾；有了房舍，又求華廈；謀得一職，又求升官；得到千錢，又求萬金……寶貴的一生就在追求「擁有」中，苦苦惱惱地度過。

擁有多少，有何標準？有錢人儘管名下擁有多少高樓、土地、黃金、股票，但日夜畏懼，睡不安穩，比起讀書人知足常樂，以天下爲己任，心懷眾生，你說誰擁有的多呢？

語云：「良田萬頃，日食幾何？華廈千間，夜眠幾尺？」石崇生前萬般積聚，富可敵國，但是到了最後，死無葬身之地，比起身居陋巷的顏回求法行道，不改其樂，你說什麼是眞正的擁有呢？

擁有財物而不用，和「沒有」有什麼差別呢？擁有財物而不會用，和

「無用」有什麼不同呢？

河水要流動，才能涓涓不絕；空氣要流動，才能生意盎然。吾人之財物既然取之於大眾，必也用之於大眾，才合乎自然之道。一心想要「擁有」，不如提倡「用有」。像馮諼散財於民，讓孟嘗君擁有人心，只算是懂得「用有」的初步，更高一層的應如愛迪生將發明創造所得的專利用於爲眾生謀福；松下幸之助將企業所有盈餘用於教育文化上，讓社會蒙利。這才是「用有」，不是「擁有」。

眞正的「用有」不易做到，一旦執著財物是「我」的，用的對象就不廣泛，用的心態就不正確，用的方式也有所偏差。其實，吾人的一生空空而來，空空而去；吾人的財物也應空空而得，空空而捨；對於世間上的一切，擁有空，用於實，豈不善哉。

所謂「心包太虛，量周沙界」，所謂「擁有」，有是有限，有量；所謂「空無」，無是無窮，無盡。如能以「用有」的胸懷，來應眞理；以「用有」的財富，順應人間，讓因緣有、共同有，來取代私有的狹隘；讓惜福有，感恩有，來消除占有的偏執，所謂「擁有，是富者；用有，才是智者。」富而加智，豈不善矣。

眞正的財富

人生在世，錢雖然很重要，但卻不是絕對萬能的，因爲除了金錢以外，還有許多對人生更有意義、更值得追求的東西，如——

一、滿足：有錢不滿足是富貴的窮人，求得內心的滿足，人生會過得很有意義，人能滿足，處事易謙恭謹愼。

二、歡喜：物質方面擁有很多但不歡喜，如同沒有。更何況一個人擁有多少是有限的，對世界上一切都抱持享有的觀念，歡喜就無所不到。學佛要把自己學得很堅強，不被境轉，就是歡喜的來源。

除滿足、歡喜外，健康、智慧、慈悲、願力、懺悔、感恩，都是人生很值得追求的東西，也才是我們眞正的財富。

賺到歡喜

三十年前，我在高雄縣大樹草創佛光山時期，有一位初中畢業的木工師父蕭頂順先生幫忙我建設佛光山。他不會畫圖，我也不懂建築，不過我們兩個很有默契，常常在一路巡視勘查時，我講出我的需要，他用心記下來，遵照我的構想，幫我完成心中勾繪的模型。

我們沒有辦公桌，也沒有一張藍圖，幾年來，他一直在佛光山建房子。我也曾關心他說：「你這麼多年來，在佛光山不停地建房子，依你現在建築的經驗，如果到社會上發展，要買幾幢房子，並不困難；而你幫我在佛光山蓋房子，你的房子在哪裡呢？你怎麼沒想到去賺錢，爲自己買土地蓋房子呢？」

蕭頂順回答我說：「我才不希罕去賺錢買土地建房子，這幾年我在佛光山賺了滿滿的歡喜，這份歡喜，不是土地或房子可以相比的。」

蕭頂順先生三十年來，賺了不少的「歡喜」，至今他仍然爲佛光山海內外道場的建築，煞費苦心。從年輕到鬢髮添白，不論烈日當空還是冷風徹骨，他的心依舊如三十年前，一腔熱情，廣設天下僧林，令三寶長住五大洲洋。

我們凡事不要向錢看，比金錢寶貴的東西很多，慈悲、道德、智慧、和諧、歡喜、關懷、情義等等，才是取用不盡的財富。

一生之中，能賺到幾千萬的人並不多，但是我們能從工作中賺到歡喜，賺到尊重；從人我相處中，賺到禮貌，賺到關懷；從信仰中賺到心安，賺到慈悲，這些心內的法財，勝過銀行的利息和紅利。

一生，要爲自己賺到什麼東西？什麼東西不怕海枯石爛，不怕滄海桑田，可以結伴我們終老，遠離啼哭悲惱？

用錢與藏錢

有一個人存了許多的黃金磚塊，藏在家裡的地底下，一藏就藏了三十多年。這三十年中，他雖然都沒去用過，但只要偶爾去看一看心裡就歡喜了。

有一天，這些金磚給人偷去了，他傷心得死去活來。旁邊有人問他說：「你這些金磚藏在那邊幾十年了，你有沒有用過它呢？」他難過地說：「沒有。」那個人就說：「你既然沒有用過，那不要緊，我去拿幾塊磚頭，用紙包起來，藏在同一個地方，你可以常常去看，把它當做金磚藏在那裡，這不是一樣可以歡喜嗎？又何必這麼傷心呢？」

所以，世間上所有的金錢都不是我們的，佛經說是水、火、官府、盜賊、敗家子五家共有的，金錢要用了才是自己的。聚斂，做一個守財奴，終不是善於處理金錢的人。

星雲大師
談飲食

◎素食之所以優於葷食，在於素食能增長耐力，助益人性的慈悲心，增進身體的健康。

◎我常告誡弟子在佛門典座是菩薩發心，「酥酡妙味」、「民以食為天」是多麼「現實」的問題。做菜不是說將生菜弄熟就了事，尤其是素菜，必須用火功來煮出味道。從中培養興趣，將做菜看成是寫文章，在刀下、鏟下，千變萬化。

什麼最好吃

常有人問我：「最喜歡吃什麼？」此話如果是在四十年前問，我就會回答，而且是毫不猶豫地大談特談；如果是在三十年前問，我也還會回答，只是要經過一番周折；但是如果是現在問我，我卻已不知道如何回答了。

四五十年前，因爲沒東西可吃，也不曉得什麼好吃？什麼不好吃？其實只要有得吃，都覺得好吃，尤以麵食最好吃。

三十年前，是知道自己歡喜吃什麼，但並沒有特別去區分好吃或者不好吃。雖然仍喜歡吃麵，是當時的感覺，原因很單純：

一、吃麵很方便，與我不喜歡麻煩人的性格和喜好簡單的生活有關。

二、一碗麵，有菜、麵、湯、油，一應俱全，不再需要另外的菜料。

三、年輕的時候，曾聽過叢林的長老說，吃麵可治胃痛、感冒、頭痛、虛軟等毛病。也就是等於「粥有十利」。同樣地，麵也有十利吧。所以一碗麵很好、很快，也不麻煩人。後來，吃麵也到了可有可無的地步，一直到現在就不知道自己歡喜吃什麼了。

偶爾徒弟做一道菜，心中讚美，也表示好吃，以後我就吃不到同一道菜。爲什麼？徒弟說：「總不能老是請師父吃同樣的菜啊。」

有時候看到徒弟很辛苦、很用心地爲我準備一桌菜，即使都不覺得好吃，爲了嘉勉徒弟的辛勞，也隨意指出一道放在面前的菜，假借讚嘆他，以後我天天都會吃到同一道菜，甚至一連幾個月，問他：「爲什麼你天天都弄同樣的菜給我吃呢？」「因爲師父喜歡吃啊。」

不知道是誰發明了「素烏魚子」。自此，在我餐前經常都放著這道菜。其實在我有生以來，直到今天，我從未曾用筷子夾嚐一塊。因爲大家都說「師父喜歡吃」，我也就不吭聲。因爲大家肯替我吃，我也就不反對用我的名義準備這道菜。

有人說，跟隨我最好、最有口福，都能吃到上堂齋。但是到今天很多人都沒看出我的性格，儘管我面前有很多道菜，我永遠只吃放在面前的一、兩樣菜。

假如現在問我喜歡吃什麼，勉強來說是：用冰水泡熱飯，或用冷飯泡熱茶，附上一小碟鹹菜，吾願足矣。

我一生之中很會利用時間，不喜歡在吃的上面花費太多時間，尤其不喜歡參加宴會，怕費時曠日。所以要宴請我，一碗麵我會很高興地接受，否則，就有違厚意了。

宴會中，我還有一怕，怕信眾太過熱心一直爲我挾菜、添食。做個出家人有惜福的習慣，凡是在碗中的食物，都要吃完；在杯中的茶水，絕不留底。爲此我常告誡徒眾，添茶要適量，尊重客人的意願，接受人家的婉拒，才能賓主盡歡。

但不幸的是主人見我將菜吃完，再加再添，我勉強吃完，又再次挾菜，這眞是苦不堪言了。

走遍了世界的角落，對各地的食物我也能怡然自得。如：韓國的泡菜，我很喜歡；日本特殊醃製的黃蘿蔔，也覺得很好吃；美國早餐的麵包牛奶，我也很習慣；台灣的清粥小菜，我也不挑剔。似乎每一個環境、習俗的飲食特色，我都很能適應。

粥的滋味

不知道從何時開始，飯桌上不再出現清粥稀飯這樣的飲食了。原因是：「糖尿病者，吃稀飯血糖會升高，故要禁食。」於是，伴隨我一生的稀粥，與我幾乎形同陌路。

回想起來，最初我並非刻意地歡喜吃粥，但是在十二歲歸入佛門僧堂之時，以粥代飯是十分平常的生活方式。只因爲當時的生活窮苦，且佛教叢林講求勤儉惜福，再加上戰亂不息、饑民遍野，吃多了苦，習慣了苦，也就不以爲苦；吃多了粥，習慣了粥的滋味，自然也了然粥中清和美味。無怪乎民間流傳著這麼一首詩：

「煮飯何如煮粥強？好同兒女細商量；一升可做三升用，兩日堪爲六日糧。有客只需添水火，無錢不必做羹湯；莫嫌淡泊少滋味，淡泊之中滋味長。」這是我食粥有感的肇始。

《摩訶僧祇律》中載明，我們喝粥的好處；「粥有十利」是耳熟能詳的道理：

一、資色：資益身軀，顏容豐盛。
二、增力：補益衰弱，增長氣力。
三、益壽：補養元氣，壽算增益。
四、安樂：清淨柔軟，食則安樂。
五、辭清：氣無凝滯，辭辯清揚。
六、辯說：滋潤喉舌，論議無礙。
七、消宿食：溫暖脾胃，宿食消化。
八、除風：調和通利，風氣消除。
九、除饑：適充口腹，饑餒頓除。
十、消渴：喉舌霑潤，乾渴隨消。

中國人吃粥則有三大理由：窮困、養生及應節。《禮記》上說：「饑荒之年，天子以饘粥賑災救饑。」因此我們吃粥的歷史，少說也有三、四千年了。

粥，含有貧困、清寒、堪忍、珍惜以及苦盡甘來的意義。宋朝名相范仲淹，年輕時，苦讀乏食，以饘粥繼續生命。他冬月每晚一鍋小粥，第二日將凝凍成塊的粥，畫成四塊，晨昏各兩塊果腹，如此苦讀三年，方得金榜爲相。他之有「先天下之憂而憂，後天下之樂而樂」，薄粥的助力不少。東漢光武帝劉秀，平亂於饒陽無蔞亭時，天寒地凍，糧食不繼，大將馮異弄來一碗豆粥進獻，饑寒俱解。劉秀後得天下，下詔賜賞馮異。

記得江蘇老家，一向生活艱困。幼小時，有父母的愛護，才能由米湯撈起飯粒，加入大麥磨剩的渣屑煮得一碗糊粥維持生命。因此小時候讀了書回家，不敢奢望有魚肉美食，或玩具佳服，只希望能有一碗飯吃，因爲已吃怕了麥糊粥。

十二歲出家，在最初的六年中，雖值發育期，依然每日三頓稀飯，只有每月初一、十五，方得一頓雜糧米飯果腹。所以少年時期，我非常討厭吃稀飯。

在叢林中，心中不歡喜食粥，但明白時代艱難、常住艱難，還是甘心地吃稀飯，也吃得很感激。後來受邀擔任南京華藏寺住持，因常住經濟困難，也比照叢林奉行三餐稀飯的生活，卻被住眾批評我沒有供養心。為此，我到台灣發心開創道場，就一直施行「兩飯一粥、四菜一湯」的供養，至今不變。

抗戰初年，饑民遍野，我也曾擠在人群中，等待他人施捨一碗粥糜以維生，後來在叢林中生病，也靠熱粥代藥。粥，讓我感念生活中苦的真理；粥，讓我感謝不藥而癒的生命奇蹟；粥，讓我感恩眾生施捨的情義。粥中有道。

年輕時討厭吃稀飯，而每日三餐稀飯；但現在我喜歡吃稀飯，卻每日沒有稀飯。

說豆腐

豆腐，現在是世界性的食物，據傳李石曾當初到法國留學，將中國的豆腐傳至法國，而我今天將豆腐乳由宜蘭帶到金門，帶到美國，甚至帶到世界各地。

說到豆腐，據不吃豆腐的宋儒朱熹說，豆腐是西漢武帝時淮南王劉安發明的，豆腐在中國，已有兩千年的歷史，宋朝時，豆腐還只是勞苦百姓用以佐膳的食品，一直到明朝以後，豆腐才漸漸被上流社會所喜愛，歷代文人以豆腐爲題寫詩的也不少，其中最妙的莫過於明代詩人蘇平所寫的一首〈豆腐詩〉了，詩中寫出製造豆腐的過程也是一絕：

「傳得淮南術最佳，

皮膚褪盡見精華，（黃豆先要浸水、去皮）

一輪磨上流瓊液，（用磨把豆腐磨成漿）
百沸湯中滾雪花，（煮漿）
瓦缶浸來蟾有影，（待豆漿沈澱）
金刀剖破玉無瑕，（切成方塊）
箇中滋味誰知得，
多在僧家與道家。」

做豆腐是一件辛苦的工作，因爲要供應第二天別人的菜膳，自己就要晨昏顛倒，連夜工作。諺云：「世間三種苦：撐船、打鐵、賣豆腐。」豆腐類的食品不少，像豆腐皮、豆腐乾、豆腐乳、豆腐干絲、凍豆腐，尤其是香中帶臭，聞風而至的中國奇異之味——臭豆腐，很多人把臭豆腐和榴槤相提並論，也有人說臭豆腐是中國的「起司」。

豆腐乳乃是豆腐發酵做成，分紅、白、黃三種。紅的又稱「醬腐乳」，吃時略帶醬的香味。白腐乳又稱「糟腐乳」，帶有酒味。黃腐乳是台灣最普遍的，又叫「台灣腐乳」。豆腐乳的做法是把豆腐壓出水分，切成小方塊，排列在竹籮筐裡，曬太陽三、四天後，加入鹽、醬、紅麴，入乾淨的廣口瓶另醃數月，即成紅腐乳。如加酒釀醃則成白腐乳，加米麴、豆麴醃則成黃腐乳。在醬園中，豆腐乳是醬油、醬菜之外，一般消費者最常購買的下飯小菜。清人詠豆腐乳說：「膩似羊酥味更長，山廚贏得甕頭香；朱衣蔽體心仍素，咀嚼令人意不忘。」我認爲最好吃的豆腐乳是宜蘭做的，因爲宜蘭六、七月的太陽正好釀汁，或許水也有關係，所以宜蘭豆腐乳風味獨特。

做菜的要訣

一個會做飯的人，是什麼菜都會煮的，但有些原則，像——

水餃：配料有小白菜（爲主）、油條、冬粉、豆乾（爲輔），小白菜要浸鹽水再擠乾（如此醬油的料才能入味），水餃的餡必須要熟、要爛才可口。

麵：煮麵時，麵不可以用水燙，吃麵要趁熱吃，不宜冷卻，所以有句話說「吃麵不等人」。麵若太燙，吃時可用兩個碗來吃。

吃水餃和吃麵是不用配菜的。

臘八粥：用蓬萊米，並加一把糯米（增加稠度），配料有小白菜、胡蘿蔔、豆腐、花生、黃豆、生薑米、胡椒、一大碗油等。煮好時很稀，半小時後很稠，那就標準了。

臘八粥有「粥中之王」的美譽，粥的起源很早，《禮記》中記載，饑荒或旱災時，政府施粥賑濟，可見粥在中國已頗有歷史。

無論在南方、北方，貧苦或富裕的人家都習慣在早餐吃粥，只是各地的稱呼不同，北方叫「饘」或「稀飯」，廣東、福建稱「糜」，江南稱「粥」。

粥的原名叫「鬻」（較稀的湯飯），按其字是將米放入鬲（大鍋）內煮，演變到後來將「鬲」字去掉，而成「粥」字。前人將粥分得更細，米煮稀叫「糜」，較稠叫「饘」，更稀的叫「酏」。

《粥記》中記載，每天早上起來後吃一碗粥，等消化後，胃呈空囊，就會引起食欲，粥中殘留的油分，對胃腸很好，這是吃粥的祕訣。粥可以調整胃的情況，促進胃液的分泌，幫助消化，當然對胃有益。

怪不得在我國不論富貴、貧苦人家或南北，粥都是很通俗的食物，佛門也常讚嘆粥有十利。

做素食要簡單、單純、保持原味，不要花太多時間。刀功、火功、配料、調味等都不可忽視。除此之外，一顆供養心，給大家吃得歡喜，才是最重要的。

百味齋

如何讓信徒享受到可口且實惠的素食，是我一直在努力的目標。台北道場落成以來，來往賓客、信徒都非常護持，有時碰到誤餐時間，難免招呼得不周到，故決定試著煮出一道可口又能飽食的「百味齋」，給來道場的信眾，做為點心。

我開了一份粥的菜單：蓬萊米、糯米、黃豆、芋頭、飯豆、油豆腐絲、冬粉、青江菜、馬鈴薯、百果、紅棗、蓮子、油條、香菇、生薑米、胡蘿蔔、蘿蔔乾、什錦菜、凍豆腐等。

下午時分，親自下廚，道場徒眾圍著我在廚房繞。傍晚，「不具名」地請大家品嚐，據估計吃最多的人是七碗，最少者三碗，有這種口碑，相信將「百味齋」廣為推展，不為難也。

吃飯也是修行

（一）

素食之所以優於葷食，在於素食能增長耐力，助益人性的慈悲心，增進身體的健康。很多素菜之所以葷食爲名，是爲了引導世人對素食的興趣。且佛門「吃飯」也是一種修行，進食時要做五種觀想：

一、計功多少，量彼來處。
二、忖己德行，全缺應供。
三、防心離過，貪等爲宗。
四、正事良藥，爲療形枯。

五、爲成道業，應受此食。

這就是一般寺院的齋堂稱「五觀堂」的由來。

（二）

除殿堂外，西來寺人最多的地方，便是齋堂。給來禮佛的每一個人都吃得很歡喜，就是弘法。我時常告誡弟子在佛門典座是菩薩發心，「酥酡妙味」、「民以食爲天」是多麼「現實」的問題。做菜不是說將生菜弄熟就了事，尤其是素菜，必須用火功來煮出味道。從中培養興趣，將做菜看成是寫文章，在刀下、鏟下，千變萬化。

昔時中國菜舉世聞名，可是最近的素菜卻比不上日本、美國，一道以香菇、黃豆研練而成的素火腿，我們在色、香、質、味上都比不上，想當初還是中國先發明的呢。不用心、不求進步、不加研究，在餐桌上自然會被淘汰。

我一生對「吃」很不著意，一杯冰水泡飯，一杯茶泡飯，都可以過一餐，但道場的齋飯，也是度眾法門，不可輕心慢心。我就桌上幾樣菜的做法，如何掌握火候，提出我的心得。

花椰菜，油炒十五分鐘；若開水煮過再下鍋，六分鐘；先炸好擺進冷凍，需要時再拿出來，下鍋只要三分鐘。

蘿蔔，要在油鍋裡慢慢炒（油會慢慢蒸發水分）。不過冬天產的蘿蔔易熟，夏天產的蘿蔔不易炒熟，故不同季節買的菜，火候也不一樣。

一桌四人份的飯菜，從進入廚房到出菜需半小時；兩桌則需時四十分鐘。能如此才有資格掌廚。

星雲大師

談健康之道

人生種種病痛，只因外事外物太重要了，以致——

心不能靜、氣不能和、度不能宏、口不能默、瞋不能制、苦不能耐、

貧不能安、死不能忘、恨不能釋、矜不能持、驚恐不能免、爭競不能遏、

辯論不能息、憂思不能解、妄想不能除，總因未淡未空之故。

真淡真空，一切以「不執著」三字了之，此乃拔去病根之神藥也。

做好身心保健

在這個新時代，許多人好吃美食，吃出病來；有的人遊手好閒，閒出病來；有的人資訊太多，多出病來；有的人工作壓力太重，壓出病來；有的人則因爲是非太多，氣出病來。這許多病症，需要對症下藥，才能得救。

曾任美國衛生與福利部部長的舒雷拉，提過關於新年保健的建議，我覺得很好，特別寫下來貢獻給各位讀者。

一、吃得健康：減少脂肪和卡路里的攝取，每天至少吃五份的水果和蔬菜，並多留意食物藥品管理局發布的訊息。

二、離開沙發：多運動，少握電視遙控器。成年人每天應當有二十至三十分鐘溫和的體能活動，如快走、游泳、騎腳踏車或整理花園，可以很明顯地促進身體健康。

三、不要亂嗑藥（吸食毒品）：因非法超量使用藥物，會導致自殺、謀殺、汽車傷害、愛滋病毒感染以及肺炎等等，每年造成兩萬人死亡。任何一位有藥物問題的人都應該下定決心尋求幫助。我們也有責任傳達明顯的反藥物訊息給青年人。

四、該下班就下班，減少緊張和壓力：美國人工作時間比以往更長，睡眠則變少。應該下定決心在新的一年裡平衡工作和家庭生活，找出時間來做休閒活動。你的身體和心靈都會感激你的。

五、戒菸：每年，菸草造成三分之一的癌症病患死亡，百分之二十一的心臟疾病患者死亡，以及四十萬未享天年者早逝。痛下決心，並向諮詢專家求助，你一定能戒掉它。

六、不要做酒鬼：每年有十萬人因喝酒過量死亡。如果你喝酒上癮，請下定決心遵從醫生的指示，及早戒酒。如果喝酒，一定要適量。如果要出門，一定要找位不喝酒的駕駛人，以策安全。

身體方面的保健固然要緊，精神方面的保健也不可缺少。其實，佛教也有很好的保健原則，只要人人有「精神保健」，一定能健康幸福直到老。

一、心寬自在：如彌勒菩薩大肚能容的氣量，凡事不斤斤計較，即能自在無礙。

二、放下安然：不比較、不計較、提得起、放得下，即能心中舒暢，百病全消。

三、禪定修行：禪定攝心，精進修行，心清氣爽，則事事順暢，百無牽掛。

四、行香禮拜：修持不懈，禮拜不斷，則罪滅河沙，福增無量。

五、數息止觀：精神集中，意念專注，則身心收攝，開發智慧。

六、喜悅進取：發心發願，身體力行，則能法喜充滿，身心無恙。

這些精神保健原則，可以下面的詩偈總結：

一要心不貪念不討巧；

二要意不顛倒自知曉；

三要慈悲和藹不減少；

四要安然自在不爭吵；

五要數息觀心眞正好；

六要寬宏大量是個寶；

七要放下名利不煩惱；

八要心生歡喜不覺老；

九要禪悅法喜不可少；

十要去欲無私不計較。

希望佛教徒都能重視身體和精神的保健。所謂「留得青山在，不怕沒柴燒」。自己身心健康，能多爲佛教貢獻心力，是個人之福，也是佛教的力量。

減肥

「窈窕淑女，君子好逑」，詩經裡的一句話，影響了幾千年來中國人的審美觀點，認爲「瘦就是美」，致使許多愛美的女性，或是爲了取悅於所愛的人，或是爲了趕時髦而拚命減肥。所謂「楚王好細腰，宮中多餓死」、「女爲悅己者容」，古今皆然。

肥胖，是一種民生富饒的象徵。根據最近醫界的訪問調查顯示，全台灣約有一百萬人希望減肥，而且不分男女。造成肥胖的原因，除了少部分生理病變以外，大多與吃不無關係。說起來眞的是很矛盾，人因爲好吃而發胖，胖了以後又再吃藥減肥，甚至節食、斷食，甚至最後得了厭食症，眞是自找罪受。

身體過胖固然要減肥，國家的經濟預算超出，也要縮減；人事編制過多，也要裁員；乃至現在的垃圾知識，如報紙張數太多，也都需要精簡。

一個人的煩惱妄想太多，負擔太重，需要放下；人情太濃了，也要節制；尤其欲望太大，更要減肥。平時對於衣服、日用品等，所謂「君子居不求安，食不求飽」，要能清心寡欲，恬淡知足。如《佛遺教經》云：「受諸飲食，當如服藥，於好於惡，勿生增減，趣得支身，以除饑渴。如蜂採華，但取其味，不損色香。」

人體過分肥胖，容易引發高血壓、血管阻塞、心臟病等，更會造成行動不便，精神也會因此懶散、萎靡不振，因此佛陀還曾爲波斯匿王說「減肥經」。

肥胖也與年齡有關，人一到了中年，往往會有橫向發展的現象，所以有謂「千金難買老來瘦」。其實，適當的胖，過去叫「發福」。夏威夷第一任土著酋長選皇后的標準，愈胖愈美；日本相撲，也都是肥肥胖胖的。跳草裙舞的舞者，就是要胖，胖還能賺錢呢。所以當胖就胖，當瘦則瘦，太肥太瘦都不好。過猶不及，順乎自然就好。

肥胖往往是因爲攝取過多的脂肪所致。脂肪過多雖然令人討厭，但是人體也不能沒有脂肪，它保護內臟、調節體溫，是提供熱量的三大營養素之冠。一公克的脂肪可以產生九大卡路里的熱量，是醣類及蛋白質的兩倍。但因儲存熱量的能力較高，吃多了而未及消耗，就會囤積在皮下組織，讓曲線變形，體重增加，所以很多愛美的人士，都會儘量少吃，以此爲減肥之道。

節制飲食固然可以達到減肥的效果，多運動更是保持身材健美的良方，如朝山、跑香、禮佛、拜懺、繞佛等，都是很好的運動，可以促進身體健康。平時若能樂觀進取、放下安然，更能寬心自在，可保身強體健。

疾病就是良藥

（一）

很多人談病色變。其實，病痛對人生不全是負面的影響。佛門裡說：「修行人要帶三分病」，白居易也曾寫過：

「靜坐觀空，覺四大原從假合，一也；煩惱現前，以死誓之，二也；常將不如我者，巧自寬解，三也；造物勞我以生，遇病稍閒，反生慶幸，四也；宿孽現逢，不可逃避，歡喜領受，五也；家室和睦，無交謫之言，六也；眾生皆有病根，常自觀察克治，七也；風寒謹防，嗜欲淡泊，八也；飲食寧節毋多，起居務適毋強，九也；覓高朋親友，講開懷出世之談，十也。」

（二）

自從一九九一年我跌斷腿骨以來，承蒙信眾厚愛，經常接到電話或來函問候，隨著年齡漸增，我的身體狀況更是成爲彼此見面時關切的話題，也有許多人看我終日忙碌，卻仍能從容應付，不見疲態，紛紛問我保健之道，其實四大五蘊假合之身，孰能無病？眾生經歷老病過程，誰能免除？只不過我從不刻意趨逸避苦，如今回顧往事，我深深感到：養生之道無他，「疾病本身就是一帖良藥」。

就以香港腳與口腔破皮而言，人皆畏之，然而兩者不僅長久與我爲伍，而且時時交相爲患。多年來，我非但不以爲苦，反而深感慶幸，因爲我覺得這是身體排除瘴氣的徵兆，我這一生少病少痛，想必與此有關。

身體有病，要找醫生治療；心靈生病，除了靠善知識勸告提醒之外，最重要的還是要靠自己來醫治。弘法半世紀以來，我看遍人生形形色色，曾經有感而發，仿效石頭希遷禪師的「心藥方」，也爲眾生的心病開了一帖藥方：

「慈悲心腸一條
眞心本性一片
惜福一點
感恩三分
言行實在
守德空間一塊
慚愧果一個
勤勞節儉十分
因緣果報全用
方便不拘多少
結緣多多益善
信願行通通用上」

此藥用包容鍋來炒，用寬心爐來燉，不要焦，不要燥，去火性三分（脾氣不要大，要柔和一點），於整體盆中研碎（同心協力），三思爲本，鼓勵作藥丸，每日進三服，不限時，用關愛湯服下，果能如此，百病全消。切忌言清行濁、損人利己、暗中箭、肚中毒、笑裡刀、兩舌語、平地起風波，以上七件速須戒之，而以不妒不疑、不放縱、自我約束、心性有道來對治之。

以銅爲鑑，可以正衣冠；以人爲鑑，可以知得失；以病爲鑑，則可以提起正念，擴大自己。昔時悉達多太子目睹世間疾苦，心生悲愍，因而立願精進修行，終於成就佛道，做大醫王，療治眾生之病；南嶽慧思大師罹患嚴重風疾，無法行動，後以般若空慧觀照，不但豁然痊癒，而且開悟見性，後來法化一方，度眾無數。因此，我們不必祈求疾病之不臨己身，而應該效法古聖先賢，以疾病爲良藥，自救救他；以疾病爲針砭，己利利人。

如何求得健康與長壽

日常生活之中，如何自我修持，才能健康長壽、幸福快樂呢？我個人有一些妙訣，貢獻給各位：

「吃得粗，吃得少，吃得苦，吃得虧；

起得早，睡得好，七分飽，常跑跑；

多笑笑，莫煩惱，天天忙，永不老。」

這幾首詩偈告訴我們正確的生活態度、正常的生活規律，能夠如此，福壽唾手可得。日常食衣住行中，吃東西不精挑細選。譬如吃米要吃糙米，因爲糙米比精白的蓬萊米更有營養。除了吃得粗、吃得少，更要吃得苦、吃得虧，偉大的事業都是從吃虧受苦中煎熬出來的，污泥裡才能長出淨蓮，烈火中才能冶煉出黃金，在打擊挫折下才能造就成熟的生命。

而如何才能福壽綿長呢？

少肉多菜：佛門物質生活淡泊，但是有許多的老和尙卻活得非常高壽，主要和佛教主張素食有很大的關係。很多人以爲吃素食營養不良，容易饑餓，缺乏體力，事實上不盡然如此，我們看看動物之中的牛、馬、駱駝等都是吃素的動物，但是牠們或者在烈日下爲主人犁田，或者奔馳疆場衛國保民，或者載運貨品於沙漠，耐力最大，體力最足。而肉食的虎豹豺狼雖然很凶狠，威猛衝撲一下，後繼無力。何況吃素的牛所擠出來的牛奶，營養價值最高，成爲現代母親哺乳嬰兒的代用品，因此素食並不如想像中那麼沒有價值。素食雖然有它的好處，但是並不是強迫每個人都吃素，只是平常大魚大肉吃膩了，有時換換青菜豆腐，既保胃口新鮮，也可減少一些疾病。

少鹽多淡：少吃一些鹽，減少消化器官的負擔，口味清淡，有助於養生延年。

少食多嚼：過去野有餓殍是時有耳聞的事，現在肥胖症是全世界時髦的毛病，營養過剩成了現代人的煩惱。古人說食不求飽，吃飯只求八分飽，可以常保健康，頭腦清醒，吃得過飽容易昏沈，並且胃腸工作量過重，容易產生疾病。除了吃得少之外，更要細嚼慢嚥，既可享受美味，並且得到長壽。

少欲多施：把愛欲心去除一分，少貪取、少企求；把施捨心增加一分，多給與、多慈悲。過去日本有一個貧女阿照，由於布施一盞油燈供佛，終於和失散多年的老父親團圓。這盞貧女的一燈，一千三百多年來一直供奉在高野山上，常明不滅，一個多月前，日本的幾位佛教徒專程包機，把這盞千年長明燈送到了佛光山，少欲多施的功德可見一斑。

生活要有規律秩序，早睡早起，有一定的作息；心情要保持安和愉快，不輕易鬧情緒，不隨便發脾氣，把自己忙碌起來，忙碌於學習新的知識技能，忙碌於事業的創造，忙碌於服務社會人群，忙碌於自我生命的提升，把自己的生活塡充起來，讓煩惱沒有一絲空隙可乘，享受放曠逍遙的歡樂人生。

少食為湯藥

在這個人我相處的世間上，衣著有時候也不能太隨便。譬如日本有位一休和尚，他有個做了大將軍的皈依弟子，有一天請師父吃齋，一休和尚去了。可是，守衛的人不准他進去，因為他穿著破爛的衣服。一休和尚沒有辦法，只好回去換了一件好衣服，然後再去赴宴。

當吃飯的時候，一休和尚把飯、菜一直往衣袖裡面裝，將軍看見了很詫異，問明原委。一休和尚說：「你今天是請衣服吃飯，又不是請我吃飯。」將軍感到莫名其妙。

一休和尚說：「我第一次來的時候，因為穿了一件破舊的衣服，你的守衛不准我進門，我只好回去換了這身好衣服，他才放我進來，既然你是請衣服吃飯，我就給衣服吃嘛。」

雖然衣食對於人的儀表很重要，但是，卻不能太過華麗、浪費，應該懂得如何節儉。佛經上有這麼一段記載：「憍薩羅國的波斯匿王因爲身體肥胖，每次頂禮佛陀時，總是氣喘如牛，佛陀教他以少食爲湯藥的長壽之道。因此，波斯匿王特地叫一個侍者在吃飯的時候，站在身旁唱佛陀所教的「節食偈語」提醒他不能吃得太飽。佛陀的偈子是：『人當自繫念，每食知節量，是則諸受薄，安消而保康。』」意即能夠節食的人，就可以獲得健康。所以，對於衣與食，我們應該相信「少食爲湯藥，樸素爲清高」的道理。

如何面對老病

人不一定老了才會生病，年輕人也不一定沒有病，「黃泉路上無老少，孤墳多是少年人」。生病是不分老少的。一般而言，老年人生病比較讓人擔心，到底老年人生病時該怎麼辦呢？

一、從心不苦做到身不苦：有的人心力較弱，你打他一下，就要大呼小叫；假如心力強，就是刺骨出髓，眉頭都不皺一下。你叫痛，就會愈感到難受。所以說，有病沒有關係，生理上有病時，心理上要健康，不要被生理上的病拖垮了。

二、從藥物治療做到心理治療：老年人生病了，喜歡看醫生，其實大部分的醫生看老年人的病，往往只給他們吃一些安慰性的藥而已。既然如此，你要找安慰性的醫藥，又何必看醫生呢？找自己不是更好嗎？因此，每個人都可以做自己的醫生。當身體感覺到有一些不舒服時，要訓練自己堅強起來，體會病性本空的道理，淡然處之。能夠這樣，你的病就已經好了一半。

三、從看破放下做到安然自在：出家人所穿的僧鞋，腳面上都有洞，這意思是要我們低下頭來，要「看得破」，不必太執著。人生要像手提箱一樣，要提得起，放得下，甚至面對疾病要做到安然自在，才能對付疾病。

記得我二十幾歲時，心裡充滿著爲教爲眾的抱負，忽然有天就害起風濕病來了，兩腿不能走路，睡在床上稍微動一下，都覺得痛。忍耐了很久，後來去看醫生，醫生說：「你的腿沒有辦法救了，這風濕病已經很嚴重，必須把腿鋸斷才可以。」

當時，我的心情並沒有爲自己可能殘廢而煩惱，我想：「腿害風濕病要鋸斷，也好！本來我的生活就是南北奔波勞碌，假如沒有了腿，反而可以安閒自在，在寺院裡寫寫文章，看看經書。那時候，我的時間會更多，我的心靈會更廣，我的人生會更有價值。」這意思是說，我並不在乎人家對我的譏諷與嘲弄，因而，是否殘廢對於我也就不是煩惱的問題，我這種對疾病的態度，也許值得大家參考。

像美國的海倫·凱勒，她是又啞、又聾、又瞎的殘廢，可以說是一個十不全，但是她卻是我們這個時代的偉人之一。所以說，老病並不可怕，最怕的是心理上的不健全。人老不要緊，心理要永遠的健康，永遠的不老才行。

一天的開始

由於昨天晚睡，我們這一團有好幾個人賴床不起來吃早餐。他們起床之後，叫他們吃早飯，他們說不餓。有一個人甚至說：「過早不食和過午不食，還不是一樣的功德。」

我非常不喜歡這種說法，不吃早飯與不吃晚餐，完全不一樣。當初我創建佛光山時，一直告誡弟子，你可以偶爾不做早課，但不能一天不吃早飯。因爲不吃早飯，這一天好像沒有開始。早飯一吃，一天的工作就會自然展開。

西方人也說：「早餐吃飽，午餐吃好，晚餐吃少。」在人的一天生活中，早餐最重要，因爲早餐是一天工作活動的來源，若不吃早餐，就像活水斷了源頭，生命怎能持續下去呢？

我現在已經七十幾歲了，自我懂得吃飯以來，幾乎沒有一天不吃早飯，假如一天不吃早飯，好像這一天就無法開始，什麼都不對勁。佛說：「粥有十利」，早餐大都吃稀飯，就算現代人的牛奶麵包，我想也有十利。

不管稀飯或牛奶麵包，甚至日式、歐式的早餐，如果你不吃，莫以爲已經習慣，其實會導致生活散漫、精神萎靡、注意力不集中、工作效率降低，現在有所謂「十點鐘症候群」，可說對人生的害處非常嚴重。

現在「遇早不食」比「過午不食」的人還多，我雖不贊成過午不食，但也未必反對，因爲晚上少吃，有益於腸胃的保健，身心會感到舒服。

我也曾有很長一段時期過午不食，但後來因爲覺得自己在現代社會弘法生活，中午十二點午餐以後，要工作到深夜十二點，甚至還要更晚，一直要到第二天早上六點才吃早飯，期間有十八小時腸胃未吸收營養，必然失去均衡，所以我就不再過午不食了。

我對南傳佛教以「過午不食」做爲修行，認爲有必要研究。佛陀制戒，必有因緣；吃與不吃，這是健康問題；美食陋食，這是經濟問題；可吃不可吃，這是道德問題，或是環境、風俗、習慣、制度等問題。多吃與少吃、應吃與不應吃、可吃與不可吃，對修行來說，應不是那麼重要的問題。

說到吃，佛教有許多關於吃的問題，例如：吃葷吃素的問題、吃三淨肉的問題、吃肉邊菜的問題、可不可以吃蛋的問題、不非時食的問題、托缽和自耕的問題……究竟誰是誰非，站在修行和道德的立場上講，我認爲佛教徒除素食比較重要外，其他都不必引爲爭論。

五味要均衡

記得有一篇報導曾提過，人們每天的食物，有酸、苦、甘、辛、鹹五種，俗稱「五味」，五味與人體內臟的肝、心、脾、肺、腎都有密切關係。據《素問》〈宣明五氣篇〉：「五味所入，酸入肝、辛入肺、苦入心、鹹入腎、甘入脾。」

酸味有收斂、固澀作用。苦味有清泄、燥濕、降逆作用。甘味有補益、和中、緩急作用。辛味能宣、能散、能潤、能行氣血作用。鹹味能軟堅、散結、潤下作用。

但五味不可偏食，酸多則手腳外皮易角化生老繭，嘴唇也會受損，出現燥皮。苦多則皮膚容易枯槁，並有脫毛現象。甜多則產生骨痛、還會脫髮。辛多會使筋急而指甲枯縮。鹹多使血液流通緩凝，小便變赤。

故攝取五味要適量，食物不可偏於一種嗜欲，才能對五臟有所助益。
「吃」是很容易，但如何吃得健康？則要有這一方面的常識。

中藥祕方

常常有信徒建議我服這帖藥，喝那劑湯，還津津樂道地為我介紹各種藥材的功用，顯得十分內行，看起來似乎個個都是醫生。讓我想起中國民間流傳著許多中藥祕方，只要對症下藥，都非常有效。下面列舉一些經常碰到的病症與配方，大家不妨一試。

◎雪梨燉冰糖：止咳良方。

◎雞骨草白水煎服：醫膽結石，腎結石等症，此偏方是由滬港名醫陳養吾先生開給張大千先生，治療他的膽結石。

◎陳皮薑湯：陳皮、薑、少許的紅棗及山楂，以白水煎服，可當茶喝，有止咳驅痰、治療及預防感冒等多種功效。

◎夏枯草黑糖白水煎服：補肝血，緩肝火，解內熱。

◎半枝蓮、蛇舌草煎水服：對癌症、皮膚癢有效。

◎三花茶：金銀花、杭菊花、臘梅花，以白水煮後加冰糖，能消暑解熱，改善過敏性體質。身體虛寒者慎用。

◎五花茶：金銀花、木棉花、雞蛋花、槐花及厚朴花，白水煮服。可清熱，涼血解毒、抗菌消炎。此方爲廣東民間著名的涼茶。

◎蜜糖銀花露：金銀花簡稱銀花，又名皮忍冬花，能清熱、解毒、治咽炎、暑癤、肺燥、咳嗽，又可預防感冒。製法是先將五錢至一兩的金銀花煎水，煮後過濾渣葉，再加一兩蜂蜜，冰熱飲皆宜。

◎包心菜榨汁飲用：每日約兩百至三百CC，可治療胃潰瘍、胃酸過多、胃下垂等胃病或消化不良症。

◎甘菊枸蜜茶：久服永無目疾，益肺腎與心。

◎綠花椰菜：一天吃半杯綠花椰菜，可預防癌症，尤其是直腸癌和肺癌。

◎川貝粉燉梨：專治感冒、支氣管炎和咳嗽。

◎馬蹄（荸薺）生吃：馬蹄二至三兩，去瘡出血或咽喉腫痛。注意：馬蹄性寒，體質寒性者勿用。馬蹄易染薑片蟲，吃時先用開水燙一、兩分鐘以策安全。

◎燕麥粥或蕎麥粥：每天早上喝一碗燕麥粥或蕎麥粥，有助於降低血壓。

◎糖醋汁：治打嗝不停。用兩湯匙醋，加一湯匙白糖，調成白醋汁服用。

星雲大師

談人生觀

「生活」的真義為何？

生活艱難時，要面對它。生活安靜時，要接受它。
生活辛苦時，要體驗它。生活憂傷時，要克服它。
生活艱難時，要履行它。生活滿足時，要享受它。
生活迷矇時，要揭開它。生活活躍時，要把握它。
生活美好時，要歌頌它。生活挫折時，要奮起它。
生活清閒時，要計劃它。生活思考時，要完成它。

做什麼要像什麼

「人生如戲」，隨著時空舞台的變換，隨緣任運，自能肩挑一切重任。

童年出家後，常聽師長們訓誡大家：「做和尚就要像個和尚，你們不要畫地自限，要做什麼像什麼才好啊。」我聽了以後，謹記在心。這句「做和尚就要像個和尚」、「做什麼要像什麼」後來在我一生當中，發揮了很大的功用。

童年時因家境貧寒，沒有受過良好的教育，所以很珍惜有書可讀的機會，為了「做好一個學生的樣子」，我自動自發，自我學習。由於白天忙於出坡，讀書的時間很少，我利用在圖書館整理書籍剩餘的零碎時間溫習功課，並且翻閱一些課外讀物。此外，我還每月督促自己編一本《我的園地》，裡面有論文、講座、新詩、散文、心得報告、生活感想等等，雖然只有我自己一個人看，但是從那時一點一滴地打下基礎，讓我日後在編輯雜誌、寫作撰文，乃至弘法佈教、接引眾生時，都能得心應手，實在是始料未及之事。

經云：「一一塵出一切法，旋轉無礙遍莊嚴。」又說：「釋迦牟尼佛名毗盧遮那，遍一切處。」我由躬身實踐中更加相信：一切諸法都是佛法，只要肯發最上心，時時想到自己「做什麼要像什麼」，其所帶來的利益實在是無量無邊。

六十年來，我不曾散著褲管，身著短衫外出，我不曾穿著大袍跑步，不曾上咖啡廳與人聊天，不曾在傾盆大雨時手執雨傘，甚至地震搖撼時，落石崩於前，也都能鎮靜唸佛，不驚不懼……這些舉止均非矯飾，而是經年累月持續當年的一念初心——「做得像一個和尚的樣子」所養成的習慣。一九八八年，西來寺剛落成時，徒眾基於好奇，一窩蜂地開車到披薩屋去吃素食披薩，我聞言禁止，並不是披薩不可以吃，而是身為出家人應該像個出家人，在公共場所走動總非所宜。

如今有許多人誇讚我威儀具足，無論何時何地都能行止如法，我聽到這些話，除了感念當年佛門嚴峻的道風之外，更是要謝謝老師賜給我的金玉良言：「做什麼要像什麼」。

把自己當做壞人

過去有兩戶人家緊鄰而居，張家的人，和樂相融，天天過著幸福美滿的生活。而李家的人，三天一大吵，五天一小吵，搞得雞犬不寧，無法過日子。有一天，李家的人跑來問張家的人說：「你們一家人爲什麼不吵架，而能夠和睦相處呢？」

「因爲我們一家人都認爲自己是做錯了事的壞人，所以能夠相互忍耐，相安無事。而你們一家人自以爲自己是好人，因此爭論不休，大打出手。」張家的人回答說。

「這是什麼道理呢？」李家的人問道。

「譬如這裡放著一個茶杯，有人不小心把它打破了。打破杯子的人不肯認錯，還理直氣壯地大罵：『是誰把茶杯擺在這裡的？』擺杯子的人也不甘示弱地反駁：『是我擺的，你爲什麼不小心把它打破了？』兩個人彼此不肯退讓，自以爲是好人，僵持不下，當然吵架了。

「反過來，打破杯子的人如果能夠道歉說：『對不起，是我疏忽打壞了杯子。』對方一聽也馬上回答說：『這不應該怪你，是我不應該把茶杯放那裡。』彼此肯坦白承認自己的過失，互相禮讓，又怎麼會吵架呢？」

我們想增進幸福，要常常抱著「對不起，我錯了」的心態，把自己當做壞人，學習水的就下，謙卑自躬，好處讓別人享受，壞處自己承當，從讓步吃虧之中，來冶鍊自己的心性，擴大自己的心量。我們的人生，向前的只是半個世界，而大家拚命地往前面擠插，而不知道轉身還有更寬廣的半個世界。我們應該學習不比較、不計較，從另外一個角度，去尋找我們人生的幸福。

影響一生的十句話

我這一生，尤其是在佛教學院就讀時，有很多人的話影響了我的一生，今天就將對我一生受用很大的「十句話」轉送給大家，但願大家也一樣受用。

一、不做焦芽敗種：出家人如果不發心普度眾生、廣利人天，就如同焦敗的種子。不做佛教的焦芽敗種，激勵我一定要做個有用的人，對佛門要發揚光大，對社會要有所貢獻。才能非上天所賜，未來成就與前途，要靠自己去成就，發揮自己的光與熱。世上沒有不勞而獲的東西，人生之所以能有成就，來自於父母、師長、親朋的助緣很多，靠我們自己成就的很有限。

二、你可以沒有學問，但不能不會做人：人不僅要知道讀書，更要學以致用，尤其是做人。人難做、做人難，有些學者專家很有學問、很會發明，但是在人情世故上則一竅不通，青年人之所以不會成功，乃在於話不會講，或不知要講好話。在現今的社會，人要有表情、音聲、笑容，才會有人情味。除了讀書學習外，努力做人很重要。

三、懂得感恩者，才會富貴：一點頭、一微笑、主動助人，都是無限恩典。父母、師長、國家、親朋的滴水之恩，要湧泉以報，接受的人生是貧窮的，感恩的人生才富貴。

四、不要向別人要求什麼，要問自己能給別人什麼：要想做個有用的人，要如太陽一樣，每天散發光與熱給大家。與人相處要能包容忍耐，我們的存在都是外在因緣的聚集，因此人要懂得回饋感恩。

五、皆大歡喜：與人相處做事，要皆大歡喜，寧可自己吃虧受委屈，不要凡事只想到自己。

六、心甘情願：凡事尤其是弘法利生，都要本著心甘情願去做事，不計較名利好處。因此做事要有原則，即使別人多麼榮華富貴，也要忠於職守，心甘情願淡泊過一生，不為外界所動。

七、凡事不要生氣，但要爭氣：對自己的理想要堅持，不要受外界言語的影響而喪志，只要有心，終有一天會完成所願。

八、你可以不信佛祖，但不能不信因果：「欲知前世因，今生受者是；欲知來世果，今生做者是」，惡有惡報，善有善報，因果是很現實的，人都活在現實中，怎麼可以沒有因果觀念？

九、你什麼都可以失去，但不能失去慈悲：一個人在挫折、磨難、灰心、困惑之時，如果保有一顆慈悲的心，將來一定會有辦法。

十、我可以什麼都沒有，但不能沒有信仰：信仰是人生的目標、軌道，有了信仰人們可以找到自己，明白自己，發覺自己。

善於做補

童年的時候，因物質缺乏，只有穿哥哥剩下的衣服，哥哥嫌小不能穿了，才輪到我穿，也是補了又補。出家以後，新鞋子上腳，不到一個月鞋子就壞了，只好用薄板補在鞋底；衣服破了，用厚紙糊補破洞，我因個子小，就是人家給我的舊衣服，我也不能穿，更不會改，所以還是經常穿補的衣服。補，比較容易。

補來補去，已揣摩了補衣服的巧妙，自己不但會補衣服，甚至也會縫製衣服，懂得做衣服的要領。從此，數十年的歲月，我周遊世界，有幾次參觀市中心的百貨公司或超級市場，信徒都希望採購衣物或日用品等，而我不是購買文具就是購買針線包，也喜歡將針線包送人，多年來送人的針線包不下一兩千個，可見童年生活的習慣，影響人的一生多麼深遠。

記得在叢林參學，年齡漸長，就不再補衣服了，因爲寺中老和尚們往生，我就經常分到那些老和尚的遺物。奇怪的是，老和尚的衣服，在我身上穿了很久，經久不壞，是否老和尚們有法力？衣服也有法力？後來才知道，老和尚們的衣服質料都比較好，所以不易壞。

從補衣服我學會了補位，我遇到排班、禮拜、打坐、請客，前面有空位子，我就補上去，常有長輩讚我懂規矩，因此，一生當中補位很勤快。編雜誌時，補白是我的專長，如編《今日佛教》、《人生雜誌》，收集小小格言、座右銘做爲補白的材料，不但如此，有時文稿不夠，資料欠缺，我也很樂意馬上就「補寫」。

因此，在一生中，有時爲看書和改文章，樂而忘食，等到想起時，才兩餐當一餐吃，算做補吃；爲了各地弘法，有時旅途勞累，加上時差，沒有時間睡覺，就在車上、飛機上、或回家之後才補睡；向來重視承諾的我，說話算話，但有時問題出在「承諾太快」，以致人在國外，爲了一場講演，飛行十幾個小時，以遵守承諾，爲的就是怕彌補不了輕諾寡信的過失。我也常常用道歉彌補失禮失信的事；補，不完整，補中總有缺點。

我曾辦過多次補習班，當過家庭補習老師，慈惠、慈容等人就是我當初國文補習班的學生，我現在經常替人補習做人處世的道理，看起來，我這一生的未來，必然是別人替我補衣補鞋，我就幫別人補說補做。

在佛光山，常聽說某弟子得罪了人，我就代他道歉，算做補過；有些弟子把事做錯，我爲他補救。總之，我雖然不能像女媧補天，但也算得上是善於做補了。

超越殘缺

這個世界上，人不可能十全十美，因此我也從不要求人能「十全」，我倒認為「殘缺」更能體會娑婆世界的真味。

在我的一生中，我覺得自己有幾個缺點：

第一，我沒有音樂的天分，可以說是個五音不全的人，像出家人最基本的梵唄唱誦我都無法應用，於是我將興趣轉至文字方面，想不到著作立書竟然讓我獲得不少的稿費。前陣子便將三百萬元稿費捐助給六個社會弱勢團體，幫助他們，讓他們發揮更大的功能。

世間上的父母通常依靠兒女來奉養，我雖然孑然一身，卻自覺很有辦法。我不喜歡唱歌，但我一直在推動佛教的音樂，我還作了多首佛教歌詞，甚至分別在台北台南舉辦了多場老歌義唱晚會。

我不諳外文，過去雖然學過四次日文、兩次英文，也許因爲我是江蘇人的關係，講話只有三個音，英文怎麼也學不起來。縱然如此，我仍然堅持開辦英文佛學班和日文班，大力鼓勵有興趣的有志青年入學就讀，因爲我深知佛法是應眾生所需，所以絕不會因爲自己不懂就阻止了別人對語文的學習。

我不會寫字，也沒有練過字，只是從一九五三年開始，連續在宜蘭雷音寺寫了三十年的佛七標語，承蒙信徒對我的厚愛，像最近在高雄舉辦的港都之愛義賣籌款會中，我寫的一幅書法「妙吉祥」竟然得款七十萬元。只要社會大眾能夠獲益，我願以寫字來盡自己的一份心力。

仔細想一想，我一生最大的缺點就是容易原諒別人，凡事總是往好處去想，因此有人問我看人準不準，我自認不準，但是我也從不後悔，因爲我寧可將壞人看成好人，也不願將好人視爲壞人。

我有不念舊惡的個性，常常有很多罪大惡極的人欺負我、傷害我，甚至千方百計地打擊我，但是只要他對別人好一點，對我存有一分好意，哪怕他對我說一句好話，我也寧可上當，不能錯過他改惡向善的機會。

我不喜歡牆倒眾人推，對人落井下石，徒眾也常問我：「師父，那個人這麼壞，您爲什麼還要原諒他？」我覺得他已經無路可走，就不要再怪他、逼他，六祖慧能大師對獵人逮捕的兔子都能網開一面，難道我們就不能給人一條生路，網開一面嗎？

向來，我秉持著佛陀的精神，對於有病的眾生總是給與多一些照顧和關懷，我不會因爲他們的好與不好而在對待方面有所差別，反而我認爲處人要處難處之人，做事要做難做之事。像彌勒菩薩寬廣瀟灑的胸襟，凡事忍辱、禮讓，以慈悲柔和的心去對待每一個人。

我沒有報復的性格，也不喜歡侵犯他人，我覺得事情做錯可以重來，東西打壞可以再買，但是傷害了人情卻不能回復，因此，我以給人歡喜來做爲佛光人的工作信條。

順逆皆一半

世上應沒有「運氣」這回事，至多只有順境或逆境。順境是我們努力的成果，逆境是未能預見的情況，故我們要以平常心來接受「順逆皆一半」的未來。

在這個世間上，什麼都是「一半一半」。

世界分成自由民主與極權獨裁，自由民主擁有了半個世界，極權獨裁也擁有了半個世界。

世間上好人壞人，各占一半一半；善與惡、好與壞，都各占一半一半；就是佛與魔，也是各擁有了一半，誰也沒有統一世界。

有時做好人很難，做壞人甚易，好人敵不過壞人；「道高一尺，魔高一丈」，佛的半個世界不及魔的半個世界有辦法。雖說這個世間一半一半，有時惡的一半要勝過善的一半。

好人不要灰心，最後好人會勝過壞人；佛與魔雖有艱苦的戰鬥，但最後仍然是佛能降魔。

善的一半，本來要吃些虧的，但最後會勝利；惡的一半，本來雖會占便宜，但最後注定要失敗的。不然，這個因果律怎樣來解釋呢？

自由民主陣營擁有的一半世界，曾經也有過後退的危機，但一旦堅強起來以後，共產極權的一半世界就黯然失色了。

這是一半一半的世間，這也是一半一半的人生，雖然善惡、好壞、是非，互有消長，但最後的原則，仍然是一半一半。

懂得「一半一半」是世間與人生的原則，那我們佛教信徒對世間和人生就要看淡些，我們只要盡心盡力爲社會大眾服務，不要想統治一切，因爲我們沒有辦法把兩個一半合攏在一起。

你看，一個好人，管他做得怎麼好，一半的人讚美，另一半的人還要毀謗；一個壞人，管他做得怎麼壞，一半的人不屑理睬，另一半的人仍要爲他說好。因爲這世間，無論好人壞人，他們所擁有的都是一半一半。

在佛教裡，一半的人爲佛教復興努力，另一半的人寄佛偷生；一半的人爲佛教貢獻出力量，另一半的人享受了佛教的餘蔭。今日的佛教，我們到處可以看到這個一半，也看到那個一半，你要做哪一個一半呢？

肌肉是活的

有一次，我到日本去巡視道場，幾天下來，看到有個徒眾無論何時何地都是面無表情，暮氣沈沈。最後一天，我終於忍不住，把他叫來，說道：「你幾乎像個死了的人，可能你的心意是好的，但是我感覺不到你是活脫脫的生命，你要將你的肌肉活起來啊。」過後，才發覺到自己七十多年的歲月中，雖然受盡酸甜苦辣，卻從來沒有被人罵過是「死人」，覺得這一生過得很有意義。

因爲，「活」就是美。花兒吐露芬芳，我們覺得賞心悅目，因爲它是「活」的；樹梢隨風輕搖，我們覺得生意盎然，因爲它是「活」的；鳥兒枝頭鳴叫，我們覺得動聽悅耳，因爲它是「活」的；雲朵舒卷自如，我們覺得自在舒暢，因爲它是「活」的；溪水淙淙流動，我們覺得滌盡塵慮，因爲它是「活」的。同樣地，人的肌肉也要是「活」的，才能散發出生命的喜悅與希望。

信徒經常找我去排難解紛，我常聽做丈夫的對我說：「太太不愛我了，怎麼辦呢？」我告訴他：「你必定在家裡常常板起面孔，沒有幽默的表情，所以太太不喜歡你。」

也曾聽做太太的對我說：「先生移情別戀了，我好傷心喲。」我勸她：「你必定在家裡像個木頭人，沒有反應，當然丈夫不能接受。」

世間上有很多人不漂亮，但是很耐看，很有人緣，那是因爲他的「肌肉是活的」，四周環境也因他而顯得亮麗耀眼；也有很多人很漂亮，但是不耐看，沒有人緣，那是因爲他冷若冰霜，讓人敬而遠之，當然也就失去了美感。所以奉勸天下的師長父母們，教導後輩子弟不要光著重於知識的堆砌，最要緊的，是讓他們先「把肌肉訓練得活起來」。

因此，「活」，非僅指肉體的存活，我們要用慈悲的行爲、善巧的語言、靈敏的心意，讓人產生信心，讓人增加歡喜，讓人湧現希望，讓人得到方便，進而立功、立德、立言，讓我們的善行懿舉能永遠活在人們的心裡，讓我們的國家社會能永遠活在安和樂利之中。這一切的一切，都必須先從基本動作——將我們個人的肌肉培養成爲「活」的做起。

不要做海豚

初到台灣，住在中壢負責中國佛教會新竹縣支會的妙果老和尚要我協助回覆信函、公文，每次去那裡，做完事之後，他就叫人送一杯牛奶給我喝。他是非常慈悲，但我覺得自己好像海洋世界裡的海豚，做完表演，就得到一條小魚的賞賜，心裡很不是滋味。

多年之後，我收徒納眾，看到跟隨我的弟子們做事情也希望我能給他們一些讚美或獎品，我不禁想起過去的往事，因此對他們說：「希望你們不要做海豚，只要求一條小魚吃。」

自古以來，人雖貴爲萬物之靈，卻還含有動物貪婪的習性，所以一些在上位者就利用一般人的這種習氣，給與好處，做爲領導的要訣，例如：軍隊戰爭勝利時，皇帝便封官賜地；地方人士做了一點慈善事業，父母官便賜匾授爵；爲了攏絡外強，使不侵略國土，便舉行聯婚；爲了平服內患，開出種種優厚的條件，以招其來歸。即使如堯賜女兒給舜、萬眾擁戴治水有功的大禹、唐太宗爲和番而下嫁文成公主、趙匡胤黃袍加身、杯酒釋兵權……等等，如果將人類心理分析透徹，無非也是一種餵小魚給「海豚」的想法。

所謂「君子取財，取之有道」，儘管人生在世需要衣食物質，就像「海豚」需要小魚一樣，但世間上有許多更重要的東西，像寶貴的道情、共同的理念、相知的友誼等，尤其身爲人的尊嚴，更不容許別人踐踏。

三十年前，我率領十二位徒眾爲嘉義某一佛堂做了七天的法會，堂主拿了許多布料以爲回饋供養，在那個物質貧窮時代，這麼多的布料可謂價值不菲，但我卻予以婉拒，並且另外掏錢給徒眾們到阿里山一遊，以慰勞他們的辛苦。我覺得：「海豚」可以爲了小魚表演，但人除了小魚之外，還有其他的意義在；人，應該珍惜小魚之外的那一點點東西。這幾十年來，無論佛光山多麼忙碌，我都盡己所能，派遣弟子們幫忙其他友寺法會活動，我所珍惜的就是小魚之外的這一點點。

我偶而資助文教界、藝術界的朋友，也經常在人力上、物力上支援佛教界的團體，常聽弟子們說：「師父好傻啊，幫人忙，還要將『小魚』給別人吃。」我往往回答：「因爲我是人，不是『海豚』。」人，有通財之義，有互助之情，不一定要爲什麼，也不一定要得到什麼。

吃麵包時，我總是先吃四邊的硬皮；吃甘蔗時，我也喜歡先啃有節的部位。先苦還是先甘？這是個人的理念。對於人生的施與受，自己吃小魚或者將小魚給別人吃？我覺得小魚，不管是誰，可以留到後面吃，何必像「海豚」一樣，急於用工作交換？

所謂「做一天和尚，撞一天鐘」。昔時，浮山法遠禪師幾次被住持責打遷單，仍不忘學佛初心，在寺門前托鉢求道，終於得到歸省禪師的印可，付與衣法；雪竇禪師寧願在寺中陸沈三年，操持苦役，也不肯拿出大學士曾鞏的推薦書，最後終被龍天推出，擔任翠峰寺的住持。高僧大德道風巍巍，無非在向我們開示，唯有不以「海豚」想吃小魚的心態來做人處事，所謂「人到無求品自高」，才能贏得大家的敬重，獲致最後的成功。

所以，在此奉勸大家：如果爲了眼前的利益而做事，人生不會產生力量。權利、義務雖然是對等的，但，人不是「海豚」，盡義務不是一時的表演，重權利也不只是爲了得到一條小魚。要建立起大是大非、大功大德的觀念，要懂得生活是爲了完成宇宙繼起的生命。人，想要活得朝氣蓬勃，必須要往遠處看，往大處想，不要念念爲了小魚，才要表演。

老二哲學

這世界上有許多事情十分湊巧：在俗家兄弟三人中，我排行老二；出家以後，在師兄弟三人裡，我又處於仲位，可以說我與「老二」很有緣分，而我也很喜歡當老二。因為老二可以揀老大的衣服鞋襪穿，雖然已經不新，但也不算太舊；老二不懂的事，可以「蕭規曹隨」，跟著老大的方法去做，儘管不一定十分正確，但也不會相差太遠。總之，我優遊在「老二」的天地裡，自得其樂，最重要的是，我安於做好「老二」的本分，在承上啓下當中得到無限的滿足。

記得有一天，名企業家張姚宏影女士對我說：「我所以有今天的成就，是向多少人鞠躬彎腰才得到的。」對於她的肺腑之言，我引以為知音。回想慈航法師曾說：「如果要人討厭你，你儘可挺胸昂頭。」西諺也說：「宇宙只有五尺高，要能容下六尺之軀，必須低些頭。」

當初，我自號「星雲」，只想自我勉勵做星雲團裡的一顆小星星，以一己微弱的光芒和其他星光互相輝映，光照寰宇。如今佛光遍照五大洲，當年的心願已逐漸成就，印證了發心行道自能聚合善緣，其果報是不可思議的。最怕的是自己說食數寶，不肯耐煩吃苦，連一點亮光都吝於付出，你不願做「老二」，誰服氣你做「老大」呢？

五指中的拇指，由於生得肥矮，所以能成其大用，試想吃飯、寫字，哪樣不用到它？高山不辭土壤，故能成其高；大海不擇細流，故能成其大；天地無私，故能覆載萬物；眞如無相，故能遍於一切處。凡此種種，證明古德所說：「無欲則剛，自勝則強。」因此，我們如果想要展現成功的人生，必得先從「老二」做起，不強出頭，隨緣隨分。如果能在服務奉獻當中成就他人，在努力工作中實現自我，那麼不管現在或將來是否能當上別人的「老大」，至少你已經做了自己的主人。

不要同歸於盡

其實，人可以什麼都不會，什麼都不懂，但是心裡面不能沒有大眾。駑鈍如我，不也憑著一股「不要同歸於盡」的信念，建立起海內外數十個道場，培養了無數的佛教人才，樹立佛光人「以眾為我」的精神嗎？

一個人如果心裡只有自己，沒有別人，是永遠不會快樂的。社會上有一種人往往只看到別人發財，不但不為對方歡喜，反而在背後批評：「他不知是用什麼手段發了橫財？」看到別人升遷，不但不去道賀，卻在一旁冷冷地說：「一定是阿諛奉承得來的。」這種人連隨口的讚美都吝於布施，又哪裡會有良好的人緣與成功的事業呢？

記得數年前，佛光山普門中學有個女學生，長得非常清秀，人稱「校花」，卻因此招來嫉妒，許多同學譏諷她是「妖精」。

有一天，我應邀爲學生們開示，就趁這個機會和大家說：「你們說這位同學長得美麗不好，難道要我們學校裡的每一位同學都是醜八怪，你們才歡喜嗎？」

「同歸於盡」的心態只會造成自惱惱他，一個人如果不喜歡別人成功，不喜歡別人擁有，那麼對於自己究竟有什麼利益呢？

佛陀也會被人毀謗

我一生當中，不知受過多少人毀謗中傷，年輕時雖然極力隱忍，但不免難過，因爲我一直盡心盡力爲人爲眾，希望有一個完美的人生，而別人卻如此糟蹋我的好意，總覺得心裡無法平衡。

一九六三年，我初次隨中華民國佛教訪問團走訪東南亞各國，到達最後一站時，一位同道建議：沿途收到的贈品太多，搭船比較方便。我說：中央政府已來電表示要派人前來接機，還是坐飛機比較妥當。沒想到回國之後，原先提議坐船的人卻在佛教雜誌上撰文，謂星雲某人爲了做生意，一路買了許多貨品，所以主張坐船云云。另一位同行者得知此事，安慰我說：「你不要難過，佛陀也會被人毀謗。人心不同，各如其面，世間上的人，只要他認同的，就覺得是眞、善、美；不認同的，就斥責爲醜陋、惡魔。毀謗有時也是一種肥料啊。」我聞言釋然。多少年來，每遇譏毀，一想起佛陀慈忍的精神，不禁鼓起信心，勇往直前。如今，我也常敘述自己的經歷，告訴徒眾：「佛陀也會被人毀謗。」希望他們能忍辱負重，肩挑弘法利生的重責大任。

數年前，佛教學者江燦騰先生在新竹與我會面時，問我：「有些人很仰慕您，但為什麼教界又很少有人和您來往？」我說：「不是我不好，就是他不好，這就要看各人的看法了。」江先生聞言大笑。另一次，我們在高雄晤談，他主動提起外界對佛光山的各種傳言，我說：「江先生，您是學歷史的，一切言論都應該根據事實舉證，為什麼總是說聽說如何如何呢？」他立即頷首稱是。

俗語說：「謠言止於智者。」《堅意經》云：「慈心正意，罪滅福生；邪不入正，萬惡消爛。」這是佛陀對治毀謗的良方。「佛陀也會遭人毀謗」，所以「毀謗」可能是由於我們表現得太好，我們應該感謝別人對我們的毀謗，因為如此一來，正好給自己一個反觀自照、消災解怨的機會，讓我們得以在菩提道上步步提升。

我就這樣忍了一生

一九八五年，我從佛光山住持之位退居下來，將寺務交給心平處理。在傳法大典那天，記者們目睹滿山滿谷的人們對我種種恭敬，甚至匍匐迎送，好奇地問我何以致此？我突然想起國片「我就這樣過了一生」，心中不禁感觸良多，如果將這部片名換一個字，改爲「我就這樣『忍』了一生」，用來形容自己，應該是很貼切的寫照了。

我從小生長在亂世裡，先是軍閥割據，外強環伺；繼之中日抗戰，後來國共對立，家鄉的經濟本來就很落後，加上這些人爲的禍患，生計更是困難重重。在糧食極爲短缺的當時，我吃過麥渣糊粥，我以地瓜當飯，每天三頓，吃得都怕了起來。十二歲出家以後，寺裡仍是以稀粥代替乾飯，經常一個月吃不到一塊豆腐，或一些素菜。這對於正值成長期間的我來說，當然是不夠納胃的，但是想到時代的艱辛、常住的難為，心中的感念使我忘卻了饑餓之苦，就這樣我養成能忍的習慣。

一九四九年，剛來到台灣時，我四處飄泊，無人收容。後來輾轉來到宜蘭，生活才逐漸安定下來，當時正信佛教不發達，為了接引更多的人學習佛法，我不惜將些微稿費、嚫錢拿來購買佛教書籍，送給來寺的青年；我甚至經常忍饑耐餓，徒步行走一、兩個鐘點以上的路程，到各處講經說法，將飯錢、車費節省下來，添置佈教所需的用具。

隨著弘化區域的逐漸拓展，聞法信徒的日益增多，我發現到人生的問題無窮無盡，心中益發體會佛陀示教利喜的悲心宏願，因而更加激勵自己以弘法利生為己志，所以凡有人前來請法，無論路途遠近，我都欣然答應；凡信徒有所請求，不管事情難易，我也儘量化解其憂。

爾後數十年來，我常常因為接引信徒，從早上講到晚上，由於行程緊湊，常耽誤了用餐的時間。有時為了方便起見，我乾脆以冰水泡熱飯，或以熱茶泡冷飯，聊以充饑；有時剛要舉箸用餐，卻臨時接到邀約，我只得端起碗來，管它裡面裝的是滾湯還是熱麵，唏哩呼嚕地，一併倒入嘴裡，也顧不得燙破舌頭，更遑論是否塡飽腸胃了！所以儘管這些年來稍有餘裕，我還是經常食不飽腹，就這樣，我可以說是忍饑耐餓過了一生。

近年來，吃的東西很多，我十分珍惜這份福報，所以不管是湯麵、拌麵，乾飯、稀飯，米粉、冬粉，水餃、包子，雖然不一定覺得好吃，我一概來者不拒。有時候看到徒眾很用心地為我準備了一道菜，為了嘉勉他們的辛勞，即使不甚好吃，我也會隨意稱讚某一道菜十分可口，我寧願一直忍下去，也不願隨便說出我的好惡。

類似這種事情，還眞是無獨有偶呢！例如：多年以前，信徒送了我一塊佳美香皀，當時物質十分短缺，舶來品更是稀有難得，大家看了十分羨慕，但是我仍舊慣用一般的肥皀，所以一直將它擺在洗手檯上，未曾動用。奇怪的是那塊香皀的體積居然日漸減少，後來大家都說我喜歡用進口的佳美香皀，我聽了也只是忍笑而不語，心想能夠讓大家的喜好成為我的喜好，不也十分有趣嗎？

曾經有一位徒孫，經常購買下端繡有圖案的毛巾給我使用，我因為臉上破皮，建議他買沒有花樣的，以免洗臉時覺得不舒服，他卻理直氣壯地說道：「有圖案的毛巾比較美觀，您用另外一端擦臉，就不會碰到繡花了。」唉！彼此心境不同，說起話來有如對牛彈琴，我也只有當下「受教」，忍他一忍算了。

記得我五十歲生日那年，一名在家信徒特地送我一張價值不菲的彈簧床，無奈我從小睡慣了木板床，但又不忍直言，讓他難過，從此只好將床當做裝飾品，自己每天睡在地板上，達十年之久。

反觀現代的年輕人空腹高心，漫言入山修行、閉關閱藏，不禁感慨萬分，倘若福德因緣不具，焉能獲得龍天護持？「三祇修福慧，百劫修相好」，沒有百忍與教的精神，如何成就人生大事？「我就這樣忍了一生」，豈止是就物質上的缺乏而言，其他如精神上、人情上、事理上、尊嚴上的種種違逆境界，又何止忍上百千萬次？

一九九一年，我在浴室裡跌斷腿，頓時身邊增加不少「管理人」，這個徒弟要求我不能吃這種食物，那個徒弟告訴我不能用那種拐杖，過分周到的看護，使我備感束縛。有時因爲身體不適，這個弟子拿來這種藥，那個弟子拿來那種藥，我爲了圓滿大家的好意，只得忍耐把兩種藥都吃下去。有些信徒說美國好，叫我去美國度眾；有些信徒說澳洲好、非洲好、歐洲好，也希望我前往弘法。我爲了滿足大家的「好」，所以，只有忍耐旅途勞頓，到處飛行雲遊。

雖然百般無奈，但是想到爲師者在他們的心目中永遠年輕，也只有自我解嘲了。有時回頭反省：「爲人著想」固然便利了別人，卻也讓我「就這樣忍了一生」。我的腿子之所以會摔斷，正是因爲在盥洗時聽到電話鈴聲，爲了怕對方著急，趕緊從浴室衝出來時，不愼滑倒所致。雖然有了這次前車之鑑，我還是儘量不讓電話鈴聲超過三聲以上，與生俱來的性格實在不容易改掉啊！

我有出家弟子千餘人、在家信徒百餘萬，但是他們高興時不會想到來找我，一旦上門，必定是有了煩惱，而且大多聲稱是來掛「急診」的，我再忙再累，也只得「恆順眾生」，予以接見、傾聽、安慰、鼓勵。憑著自己多年的歷練，倒也解決了不少疑難雜症。但也有弟子對我說：「師父，您只叫我們忍耐，難道除了忍耐，就沒有其餘的辦法了嗎？」確實，我一生唯一的辦法、唯一的力量，就是忍耐。

回顧我的一生，正如同陳誠所言：「爲做事，必須忍耐；爲求全，必須委屈。」雖然「我就這樣忍了一生」，但是喚醒了多少迷惘眾生，成就了多少法身慧命，所以，我祈願生生世世再來娑婆，以比丘身永遠堪忍地利濟有情。

生氣不能解決問題

水，質性柔軟，以高就低，遇物則轉，所以能流出獨特的曲線。人，何妨傚水，以隨緣轉境的功夫，悠遊於天地之間。

人，究竟有多少「氣」？能忍者，善養浩然正「氣」，因此不卑不亢；無力者，總是垂頭喪「氣」，所以精神渙散。君子者，謙下處眾，因此所到之處，都是一團和「氣」；小人者，仗勢欺人，所以身置何地，均為烏煙瘴「氣」。有為者，雖泰山崩於前，仍「氣」定神閒，面不改色；無能者，遇小事臨身，就「氣」急敗壞，驚惶失措。樂觀者，英「氣」煥發，人見人喜；易怒者，殺「氣」騰騰，人見人畏。

生氣不能解決問題，因為「氣」一發出，心中的力量也就隨之瓦解，偈云：

「面上無瞋是供養，口裡無瞋出妙香，心中無瞋無價寶，不怒不恨見眞常。」

所以爲自求進步，我們應該以「養氣」代替「怨氣」；爲成就事業，我們應該以「和氣」代替「意氣」。

行雲流水的人生

懂得生活的人，一定要像雲一樣，過得自由自在。不要被名韁利鎖自我束縛、自我設限、自我封閉，要如行雲流水般任運逍遙。所以懂得人生的人，在人生裡面要尋找快樂的人生，要找自由的人生，要找自信的人生，要找可以包容的人生。如果可以寬大包容，那時，自我心中自有無盡財富。

因發現鐳而聞名全球的居禮夫人，有一天，一位朋友到她家做客，忽然看見她的小女兒正在玩英國皇家協會剛頒給她的金質獎章，朋友大吃一驚，問道：「居禮夫人，現在能夠得到一枚英國皇家協會的獎章，是極高的榮譽，你怎麼能給孩子玩呢？」

居禮夫人笑著說：「我是想讓孩子從小就知道，榮譽就像玩具，只能玩玩而已，絕不能永遠守著它，否則將一事無成。」

有怨無悔

最近，有位在家弟子跟我講了一句話，我非常欣賞，他說：「要能無怨無悔地在佛教做事實在不容易，向師父報告：我只能做到有怨無悔。」

我聽了，覺得很有道理，人有一點怨言，只要無悔，那沒有關係。只要肯定自己，安住身心，慢慢地經過磨練就會邁向成功之道。

我認為：做事無怨無悔是上等之人，有怨無悔是中等之人，有怨有悔是下等之人。人，至少要做個中等之人啊！

不知道的樂趣

「知」是一種欲望，是一種罣礙，不知道就沒有欲望。

不知道父母（長官）喜歡哪一個兒子（屬下），就不會痛苦，知道後會很苦惱。

在我們生活中，有時候知道可以解決問題，有時候不知道可以解決問題，給人騙不知道無所謂，知道後很痛苦。

我人在美國，颱風過境台灣南部，佛光山受颱風吹襲，徒眾不讓我知道，怕我擔心，等一、兩個月恢復原狀以後，我再回去，因爲不知道就不會去罣礙。

不知道除了增加愚昧無明外，有時也會增加勇敢、好奇、放下與自在。

我遇到很多難相處的人，但因我事先不知道，才學會了做人處事的方法。

在《戰國策》〈信陵君殺晉鄙〉中，唐且謂信陵君曰：「事有不可知者，有不可不知者，有不可忘者，有不可不忘者。人之憎我，不可不知也；吾憎人也，不可得而知也。人之有德於我也，不可忘也；吾有德於人也，不可不忘也。」

「知道」與「不知道」哪一種好？並沒有一定的標準，知道有知道的煩惱，不知道有不知道的樂趣。

會不會算

佛光山弟子中，以就讀商科的學生最多，照理說應該與數字結緣很深，但是大部分人都沒有數字觀念。過去有人說，待人九十九件好事，一件做不好，就會翻臉成仇，這叫做不會算；也有不少人在發心出家時，很多人在旁爲其歡喜、護持、忙碌、安排，但此深厚的情感因緣，卻常爲了微不足道的一件事、一句話而離開佛門，罔顧多少人的期望與祝福，這叫做不會算。怎不想想多少年的生命投資、感情奉獻，就如此禁不起一句話、一件事的考驗，實在好可惜，不知珍惜自己、擁有歷史，就是糊塗不會算。

農夫播一畝田，要算算成本、利息；科學家發明研究，要算算比例、成分；編寫雜誌要算算，需要多少字數、文稿；製作節目要算算收視率、廣告與節目內容的比例是否合宜。凡事不懂得算一算，如何有成就？

星雲大師

談結緣

◎所謂化緣，並不是指金錢而言，而是在培植「因緣」，
結對方的情意、佛法、服務等緣分；
所謂化緣，其實就是化一個歡喜，給信者一個功德而已。

◎你我見面算有緣，美言稱讚結人緣；面帶笑容歡喜緣，給人方便種善緣。
誤會傷害消業緣，看破放下了塵緣；果報順逆皆因緣，慈悲喜捨是佛緣。

結一個善緣

「緣」是一種力量，能夠生長、能夠增上。有「緣」就能生起，有「緣」就能相會。

有時候，我們跟人家說句話，如果是好話就是好緣，壞話就是壞緣；見了人點點頭，這點頭就是結緣；一個微笑，這微笑也是結緣。我送你一朵花、送你一本書、送你一張紙，這都是在跟你結個好緣。我請你喝一杯茶、請你吃一頓飯，這也是在跟你結緣。又如在佛前燒一炷香、點一盞燈、獻一枝蠟燭，這也是在結緣。給你一點歡喜、寫一封信、或者寫幾個字送你，這也是在結緣。你不認識路，我指點一下，也是在跟你結緣。所謂一舉手、一投足、為你服務，都是在跟你結緣。送你一件衣服，送你一雙鞋子，這也是在結緣。有時候，一塊錢的結緣可以救人一命，一個善念的結緣也可能會影響一個人的前途。

曾有人問我，如何才會有人緣？其實不外廣結善緣，因「緣」是要靠自己去培植。一個人的專長或技藝，除了可以謀求一份固定工作外，且可依工作上的方便，給人方便，與人爲善來廣結善緣，如此工作起來，不僅不累，還會有一份歡喜。

一塊錢改變了一生

爲了一塊錢，也會改變我們的命運。美國的汽車大王福特先生，年輕時離家創業，父母給了他一塊錢，他以這一塊錢爲資本，發憤圖強，終於開創了福特汽車公司，聞名於國際，寫下他自己的歷史。

抗戰期間，有位年輕戰士在赴沙場的途中，救了一位想要跳河自盡的婦人，婦人被救上岸之後，不但沒有感謝青年，並且責怪青年害她生不如死，在青年一再地詢問下，婦人才傷心欲絕地道出自盡的原因：原來她的丈夫遭人陷害而鋃鐺入獄，家中留下年邁多病的高堂，以及三個嗷嗷待哺的稚子，需要侍奉撫養，奈何家徒四壁，貧無立錐，只好將僅有的衣物典當得一塊銀元，用以治療母親的陳年痼疾，哪知屋漏偏逢連夜雨，奸詐的商人卻以假的銀元欺騙她，在生路斷絕之下，只好一死以求了斷。

青年聽了之後，油然升起惻隱之心，就對婦人說：「你的遭遇太值得同情了，我這裡有塊銀元，請你拿回去安頓家人，爲了免得再危害他人，請你把假的銀元給我吧。」

青年拿了假銀元，不經意地隨手往身上口袋一放，就出征去了。在一次激烈的槍戰中，一顆子彈朝青年的胸膛射來，正巧打在放著假銀元的部位，假銀元凹陷了下去，卻救了青年的一命，青年於是拍手讚嘆說：「太值得了，這一塊錢眞是千金難換啊！」

這個青年人由於一念之善，以一塊銀元救了婦人一家人，也爲自己掙回後半的人生。

有時一塊錢的力量眞大，爲了掙得這一塊錢，甚至不惜鋌而走險，闖下大禍，所謂「一文錢逼死英雄漢」。現在有些青少年不知道金錢的來源不易，看到別人事業騰達，心生羨慕，卻不知道要取之正道，以辛勤、努力去賺取，於是搶殺竊盜的事件，層出不窮，不僅危害了社會國家的安寧，自己也因此身繫囹圄，甚至犧牲了生命。古來有不少的賢臣俠士爲了堅持自己的原則，不爲金錢所誘惑：譬如陶淵明的不爲五斗米折腰；黔婁雖衾不蔽體，亦不爲仕宦所動。

一塊錢能夠改變我們的一生，由於各人對於一塊錢的認識、把握、處理不同，人生的境遇也就千差萬別了。

星雲大師

談心念

◎「重複的舉止，會變成習慣；定型的習慣，會變成個性，而個性的好壞，則往往會決定命運。」故一個學道者，其舉止言行，起心動念，能不慎乎？

◎人體如村莊，住有六戶人家（喻人的眼、耳、鼻、舌、身、意），他們猶如盜賊，心是統帥，心好則眼等就做善事，心壞則到處為惡。人的快樂與否，常在心的一念之間，故學佛要在「心」地上用功，多往好的、善的、美的、真的、慈悲的方向去追求。

月亮在看你

一位慣竊老父想把他的獨門技術傳給兒女，讓他們日後衣食無憂。

有一天，他帶著最小的兒子闖空門，對兒子說：「當第一流的小偷，要先學習把風，你在外面看守，如果有什麼風吹草動，你要趕快通知我，我們才能安全地逃走。」當他正在主人的臥房，翻箱倒櫃地尋找値錢的東西，忽然聽到兒子的叫聲：「爸爸，有人看到我們啦。」他馬上離開現場，抓著兒子的手落荒而逃。

走了一段路以後，他就問兒子說：「孩子，剛才你看到的是什麼人呢？」兒子天眞的回答：「爸爸，月亮睜著一雙明亮的眼睛，一直看著我們呀。」

孩子天眞爛漫的一句話，不正爲我們點出一個道理，世間上有哪一件事沒有人看到呢？不但是太陽月亮看到我們，宇宙的森羅萬象，也都見證著我們的一言一行。古人說：「君子慎獨」，就是活得光明，活得坦坦蕩蕩，不論臨眾或獨處，沒有半分僞裝巧飾。一個人能夠「不欺暗室」，心中有天地神祇，有法度規範，風度自然成熟泱泱。

台灣曾經推行的「陽光法案」，把政務官員的資產公開在老百姓的面前，有人毫不在意，有人畏畏縮縮，其實「書有未曾經我讀，事無不可對人言。」心地質直無曲的人，容易得到大眾信任的眼光。

如果每個人心中都有一輪明月，那麼舉心動念，就不敢逾矩，失去操守的分寸。這輪明月會令我們身心潔如水月，纖塵不染。

一念之間

從前有一個人應邀去朋友家赴宴，受到主人殷勤地接待，他也老實不客氣地對著桌上的幾盤菜動起筷子，狼吞虎嚥般吃了起來。吃到其中一盤，就跟主人說：

「這盤菜太淡了，沒有味道，不好吃。」

主人聽了，立刻親切而誠懇地道歉說：「太淡了嗎？那眞是對不起，請您稍等，再加一點鹽就好了。」於是主人拿了一把鹽來攪和，問：「您再嚐嚐看，這回不淡了吧？」

那個人吃了一口，不覺拍掌而笑地稱讚起來：「唔，好吃多了，好吃多了，加了一把鹽以後，這菜的味道果然大大不同了，眞是不可思議。」

他把這件事銘記在心裡，回到家以後立刻告訴太太：「我今天學到了一種智慧，原來菜的味道好，是從鹽中得來的。稍微放一點鹽，就能使乏味的菜肴變得好吃；再多放一些鹽，味道一定會更美妙的。」

於是他得意洋洋地拿了一罈鹽來，大把大把撒進做好的菜肴裡，然後高高興興一口呑進嘴裡……結果呢？滿口鹹味，害得他急急把剛入口的菜都吐了出來。

佛法講求覺悟的道理，就如同一種鹽，應用得好、用得妥當，人生的滋味無窮；如果矯枉過正，求悟反迷，那麼就如同笨人吃鹽一樣，貪求無益不說，到最後還可能傷到自己，不能覺照萬千妙諦。

另外一種人，他處處爲你、爲我、爲他、爲大眾謀求幸福，爲人公正，肯自我犧牲，這種人哪怕他的能力很有限，只能做很小的事，他仍然是個有證悟的人，是我們現在社會最需要的智慧者。因此，愚痴、執著、自私的人是迷者；智慧、犧牲、公正的人是悟者。

迷與悟之間的差別，只在「一念之間」，一念之間就可能是四萬八千里的距離，也就是「擬心即差，動念即乖；有人解者，即在目前」。

大其心

在禪門中有一則故事：有一位學僧到南隱禪師處請示佛法，但舉止態度卻非常自負。禪師以茶水招待，在茶倒滿杯子時，並未停止，仍又繼續地注入，眼看茶水一直往外溢，學僧忍不住地說道：「禪師，茶已經滿出來了，請不要再倒。」

南隱禪師：「你就像這隻杯子，盛滿自己的看法和想法，如果不事先將自己心中的杯子空掉，再好的佛法，你也是聽不進去。」

由此我們得知，心懷傲慢、自滿、成見的人，就算天降甘露，也無法流入他的心中。希望大家把過去的我思、我見、我聞全丟掉，讓心中清淨無染、空無他物的把佛法裝進來。

藥師如來的佛心

有一尊佛以「藥」爲名，給我們的啓示很大，我們不一定要依靠藥師如來的藥來醫治，應該要學習藥師如來以佛法的藥來救度眾生。

譬如，對充滿憂愁、悲傷的人，我給他一個笑容，令他歡喜，笑容就是治療憂愁的藥。悲觀消極的人，我說幾句好話安慰他、鼓勵他，使他振作起來，軟言愛語就是藥。有人口渴了，我布施他一杯茶解渴，這杯茶就是解渴的藥。有人肚子餓了，我打齋供眾，這就是療饑的藥。因此，只要我們肯奉獻、服務、結緣，人人就能和藥師如來一樣。

我常說，唸觀音、拜觀音，不如自己做觀世音；同樣的，我們唸藥師如來、拜藥師如來，希望大家都做藥師如來，施人以笑容、愛語、茶水、食物、歡喜、鼓勵……把一切不好的毛病都治癒，這就是藥師如來的佛心。

以無爲有

我有一位偉大的師父，他是住持大和尚，而我卻是一個小清眾。當我衣服破了，沒有別的衣服替換，就用紙縫綴一下；鞋底壞了，就用硬紙墊補一番再穿；我記得八年之中，我沒有穿過一雙同樣顏色的襪子。

有一天，師父對我說：「你以爲自己很窮，什麼都沒有，其實只要我將喝茶的錢省下一點給你，你就用不完，但是我就是不給你錢，你現在不懂，將來就會慢慢明白。」

當時，我聽了師父的話以後，一直不以爲然，直至幾十年後，我終於明白師父的苦心，那是他愛護我，希望養成我在物質上「以無爲有」的不貪性格。自此以後，我以「以無爲有、以空爲樂、以退爲進、以眾爲我」做爲自己的人生觀。太陽不是我的，但是我可以曬一曬獲得溫暖；馬路不是我的，但是我可以逍遙自在地走在上面；大自然不是我的，但是我可以看山看水看月亮。只要心中能夠容納，樣樣都是我的。

所謂：心包太虛，量周沙界。無，才是更多，才是更大。所以，我們要將宇宙融入我們的心，讓我們的心像宇宙般寬廣無邊。

星雲大師

談生死

◎生死是很自然的事，有生必有死，死了可以再生，
故死並不可怕，如一江春水向東流，不管流到哪裡去，仍會流回來；
如換一件衣服（身體）；如換一間屋子；如木柴一根根地燒完了，
但延續生命的火種仍然存在。所以死亡並不代表滅亡。

◎人的壽命到底有多長？我覺得要隨緣自在，活到適當時刻就好。
人的生命是生生不息，輪迴不已的，所以學佛者是相信生命不死的。
不要去罣礙活多久，做一天人就要盡一天人道。

瀟灑面對死亡

隨手翻閱《世說新語》，裡面有這樣的故事：魏文帝曹丕命令其弟曹植在七步之內作一首詩，若不能完成，要問罪處死。果然，曹植在情急智生下作了這首五言詩：

「煮豆持作羹，漉鼓以爲汁；萁在釜下燃，豆在釜中泣；本是同根生，相煎何太急？」

這首〈七步詩〉對於後世影響很大，勸喻兄弟、同胞不應「同室操戈」，應該相親相愛。

近代郭沫若先生也作了一首〈反七步詩〉：

「煮豆燃豆萁，豆熟萁已灰；熟者席上珍，灰作田牛肥；不爲同根生，緣何甘自毀？」

這裡我們體會到一種犧牲的奉獻精神，只因其和豆是同根生長的，其便願意爲豆成爲席中佳肴而犧牲自己，並甘願將自己無聲無息地毀滅於大地之中。

較之一首佛門的〈石灰偈〉，有著同樣犧牲的美感：「千錘百鍊出深山，烈火焚燒莫等閒；粉身碎骨都無怨，留得清白在人間。」

犧牲有犧牲的藝術，而死亡也有死亡的藝術。法國大革命思想先驅盧騷在臨終時對夫人說：「可別太傷心難過，你看那天空多透明，我就是要去那裡。」一代思想家能如此勇敢地面對死亡，竟然毫無懼色，令人佩服。法國文藝復興時代的人文主義代表拉伯雷，知道自己將不久人世，對探望他的朋友說道：「笑劇已經演完，該是閉幕的時候了。」同樣表現得瀟灑豪邁，沒有絲毫依戀。而在佛門中，對許多禪師大德來說，死亡不是一種結束，也不是一切的終止，更不是消滅；死亡是生的轉換，另一個生命的開始，因此，死亡不足懼。

面對死亡，要順其自然，處之泰然。

重視精神壽命

（一）

提到人的壽命，到底要「活」多久才好呢？日本禪師丹羽廉芳曾提道：「人壽像馬拉松賽跑，誰有耐力，誰就可以獲勝。」人的壽命不一定要長久，因一個人除了身體的壽命外，還有語言的壽命、信仰的壽命、功德的壽命、事業的壽命、共生的壽命……等各種層次的壽命，在歷史上，一些有聲望的人，其壽命有多長？

對台灣最有貢獻的鄭成功是三十八歲、精忠報國的岳飛是三十九歲、基督教的耶穌是三十六歲、孔子門下第一賢者的顏回是三十五歲、佛門中有名的《肇論》作者僧肇是三十二歲、亞歷山大是三十三歲。一個人的功業非靠年歲成就的，有志不在年高；在世間上的壽命多久並不重要，重要在於精神上的壽命。

（二）

我常喜歡拿「換衣服」來比喻人的死亡：衣服破舊了，就換件新的；這個軀殼老朽了，當然要換一個新的身體。我也常以「搬家」來比喻生命的轉遞，這個房舍破舊了，就搬到新房子去住。問題是，你是否有足夠的資本？如果你有錢，你可以換一件更美麗的衣裳，或是你可以搬到更豪華的高樓大廈去住。

這「資本」就好比是人的「功德」；如果你沒有資本，也就是說如果你沒有積那麼多的「功德」，就好比你把原來的衣服當了、把原來的房子賣了，那麼你只好換一件更襤褸的衣服穿、更簡陋的房子住了。

星雲大師談修行

我覺得一個人，隨時隨地都可以修行，
抱著一種欣賞歡喜的心態，日子會過得很愉快。
如塞車時，心不要急，正好乘此機會欣賞平常看不到的各種車型。
世界是一個展覽會，到處都可以欣賞，
如果有「不喜歡」的人、事，日子就會很難過。
其實世間上，沒有什麼真「歡喜」的，
歡喜是自己創造的，要將歡喜創造出來，以供養十方。

感動法門

最近我忽然有所體悟，我覺得在各種修行法門中，「感動」是其中很重要的修行。

當初，釋迦牟尼佛發願度眾生，乃至因地修行時割肉餵鷹、捨身飼虎，就是因爲「感動」；諸大弟子投身佛教，跟隨佛陀到處弘法，也是因爲「感動」，甚至觀世音菩薩爲什麼能給我們感應，也是爲了「感動」，有了感動，才能感應。所以，我覺得在我們的修行途中，見到別人行善、做好事，都應該感動，不感動的人無異槁木死灰，這樣的人如何能與佛法相應？所以感動是很重要的修行。

我的一生，也經常爲了別人的一句話、一件事、一本書、一部影片而感動不已。例如當初寫《釋迦牟尼佛傳》時，自己經常被感動得忍不住流淚。

感動就是佛心，感動就是佛性，感動是不可少的修行。一個人每天要常常感動，對於別人所做，要能歡喜感動；自己所做，也要能令人感動。所以每天應思忖著如何讓自己的言語、行事，都能令人感動；能夠因慈悲、發心、謙卑、忍耐、勤勞等令人感動，就是最好的修行。

在一個家庭中，父母要常想著，如何才能令子女感動；爲人子女者，也要想辦法讓父母感動。有了感動，彼此的心意才能溝通、交流。所以，每個人每天應該多做一些令彼此感動的事。

我覺得，感動的世界很美麗，感動的人生最富有。

端茶的音樂

現在的年輕人，所受的教育都具有中上的水準，知識學問豐富，但是一提到家務、家事，往往退避三舍。掃個地，連拿掃把也不懂其中的巧妙；端個茶，茶色的濃淡溫冷也不知，甚至送茶的禮儀也不如法。每當客人來的時候，我的年輕的徒弟總替我端茶待客，不僅茶碗的蓋子沒有蓋緊，走路也不懂得快慢適中，遠遠地就聽到茶盤和茶杯、茶杯和茶蓋相碰的聲音。通常我都會輕輕地對他說：「你端茶的音樂很好聽。」

徒弟們一下子也會意不過來，個個面面相覷。事實上，欠缺調和柔順的聲音就是一種「不當音樂」，就如美妙的語言，如果說得不適當，也是不當的音樂。沒有契合天時、地利、人和，依著機緣行事，就像端茶的音樂，使別人不願意接受我們，肯定我們。

其他如錢財來得不清不白，愛情愛得不合法、不適切等等，都像一曲難聽的演奏，得不到群眾的掌聲。佛門中的人才龍象，都是從人間的煮茶端茶、燒飯炒菜中見到法諦，悟到本性，所謂「珍珠瑪瑙下廚房」。不肯調御人間萬事、處處用心，如何照見森羅萬象的大千法界呢？

安定優閒的心境，人人艷羨，何不從柴米油鹽醬醋茶裡，安住我們紛雜的亂心？

小不可輕

過去曾統一印度的阿育王，有一次發心供養出家眾，有個小沙彌也來應供。在印度，即使是貴為一國之尊的國王，也必須對法師恭敬頂禮。阿育王頂禮過許多大法師後，面對這位小沙彌，實在很為難，無法心甘情願地禮拜，但是如果不頂禮，又擔心對三寶不恭敬，會受到批評。左右為難之際，只好把小沙彌叫到無人之處，勉強屈身向他頂禮，之後，囑咐他說：「小沙彌，我是一國之君，不能隨便向人禮拜，尤其是你這麼小的孩子。剛才我向你頂禮的事，千萬不要告訴別人。」

小沙彌聽了阿育王的話，默默放下受供的缽，突然縱身一躍，跳進了缽中，沿著缽緣遊走，又跳出缽外，如此進進出出、出出進進，神通無礙，把阿育王看得目瞪口呆，心中暗暗吃驚：「這個小沙彌真是神通廣大呀。」

小沙彌定住身後，慢慢走到阿育王面前，合十說：「大王，剛才這件事情，你千萬不要告訴別人。」說得阿育王羞愧萬分，趕快懺悔道：「唉，我的心不夠光明虔誠，不該輕視小沙彌呀。」從此阿育王對一切出家眾，不分老少賢愚，都一律恭敬而不起慢心了。

我們從佛經裡，可以體會到佛陀苦口婆心勸導大家不要輕視後學的教誨。佛陀說，世間上有四種看似很小的東西，卻是不可輕視的：

一、小小火苗不可以輕忽：因為星星之火可以燎原，釀成一發不可收拾的慘禍。

二、幼小的龍不可以輕視：因為小龍會成長為大龍，翻江倒海，興風作浪。

三、年少王子不可以輕視：因為他將來長大會成為國王，統領天下、造福萬民由他，一言喪邦、遺禍百姓也由他。

四、小沙彌不可加以輕視：因為他虔心學道學法，假以時日，必定會脫胎換骨成為人天師範的法王。

「小不可輕」，雖然小，但是有未來性。希望爲人父母者，能在子女身上多花時間關懷與教育。教好孩子等於救了好幾代。家庭和睦，社會祥和，則人人有福了。

肯定自己

「肯定自己」是修行者一大課題，世間上能改變人的東西太多了，金錢可以改變你，感情可以改變你，思想可以改變你，威力可以改變你……超越自己、超越對待，「丈夫要有沖天志，不向如來行處行」，才是學佛者本色。

排斥別人意見時，千萬記著：你排斥的只是意見，不是人。

蘇格拉底替自己建了一座小屋，就有人問道：「你名氣這麼大，這座小屋與你相配嗎？」

蘇格拉底說：「這小屋如果能坐滿眞正的朋友就不錯了。」

國家圖書館出版品預行編目資料

星雲大師談處世 / 星雲大師 著.
-- 第一版. -- 臺北市 : 遠見天下文化, 2010.12
面；　公分

ISBN 978-986-216-667-3（平裝）

1.佛教說法

225.4　　99024402

BBOX028A

星雲大師談處世

作　　者｜星雲大師
總 編 輯｜吳佩穎
主　　編｜項秋萍
責任編輯｜李麗玲
封面照片｜佛光山提供
內頁照片｜遠見雜誌提供
內頁設計、美術編輯｜劉信宏（特約）
封面設計｜19玖IX｜張治倫工作室 郭育良（特約）

出版者｜遠見天下文化出版股份有限公司
創辦人｜高希均、王力行
遠見・天下文化 事業群榮譽董事長｜高希均
遠見・天下文化 事業群董事長｜王力行
天下文化社長｜林天來
國際事務開發部兼版權中心總監｜潘欣
法律顧問｜理律法律事務所 陳長文律師
著作權顧問｜魏啟翔律師
社址｜台北市104松江路93巷1號2樓
讀者服務專線｜（02）2662-0012
傳真｜（02）2662-0007　（02）2662-0009
電子信箱｜cwpc@cwgv.com.tw
直接郵撥帳號1326703-6號　遠見天下文化出版股份有限公司

電腦製版｜東豪印刷事業有限公司
印刷廠｜中原造像股份有限公司
裝訂廠｜中原造像股份有限公司
登記證｜局版台業字第2517號
總經銷｜大和書報圖書股份有限公司　電話（02）8990-2588

出版日期2002年5月25日第一版第1次印行
　　　　2023年8月30日第三版第2次印行
定價330元
EAN｜4713510943878 (平裝)
書 號｜BBOX028A

天下文化
BELIEVE IN READING